ullstein

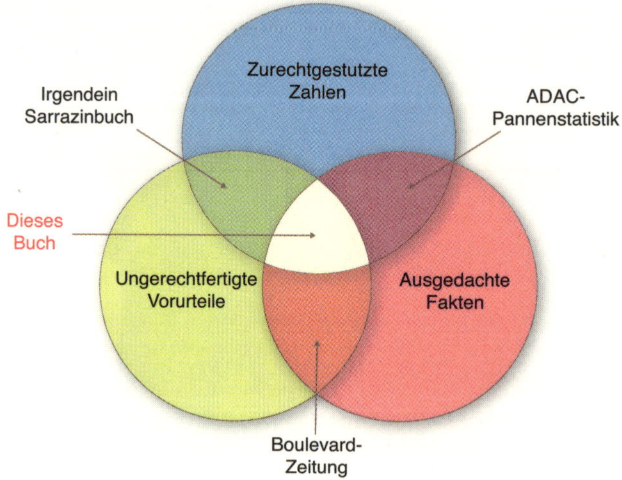

Die Autorin

Katja Berlin, geboren 1980, beschäftigt sich seit mehreren Jahren mit der Banalität des deutschen Alltags. Sie ist alleinerziehende Mutter zweier Katzen und lebt abwechselnd in Berlin und im Internet. Seit 2010 erklärt sie die Welt in überwiegend lustigen Grafiken auf ihrem Blog: http://www.graphitti-blog.de/

Katja Berlin

Gefühltes Deutschland

Ullstein

Besuchen Sie uns im Internet:
www.ullstein-taschenbuch.de

MIX
Papier aus verantwortungsvollen Quellen
FSC® C014496

Originalausgabe im Ullstein Taschenbuch
1. Auflage April 2015

Umschlaggestaltung: ZERO Werbeagentur, München
Titelabbildung: FinePic®, München
Grafiken im Innenteil: Melanie Hauke
Bildnachweis: Getty Images (S. 94 – 103),
Shutterstock (S. 94 unten rechts: Ryan Jorgensen/Shutterstock,
S. 96 oben links: aastock/Shutterstock, S. 100 oben links: martiapunts/Shutterstock,
S. 100 oben rechts: Lisa S./Shutterstock
Satz: KompetenzCenter, Mönchengladbach
Papier: Schleipen-Werkdruck, Cordier Spezialpapier GmbH
Druck und Bindearbeiten: GGP Media GmbH, Pößneck
Printed in Germany
ISBN 978-3-548-37585-4

Die Teilung Deutschlands

Deutschland aus Sicht der Ostdeutschen

Deutschland aus Sicht der Westdeutschen

Deutschland aus Sicht der Berliner

Selten gesagte Sätze über deutsches Wetter

Es ist sehr angenehm draußen. Nicht zu kalt, nicht zu heiß und nicht zu feucht.

So viel Schnee wie dieses Jahr gab es früher nie.

Das Wetter wird zum Wochenende besser.

Ich kann mich nicht erinnern, wann ich mich zuletzt übers Wetter beklagt habe.

Das ist doch mal ein Sommer, der seinem Namen gerecht wird!

Deutschlands Flora

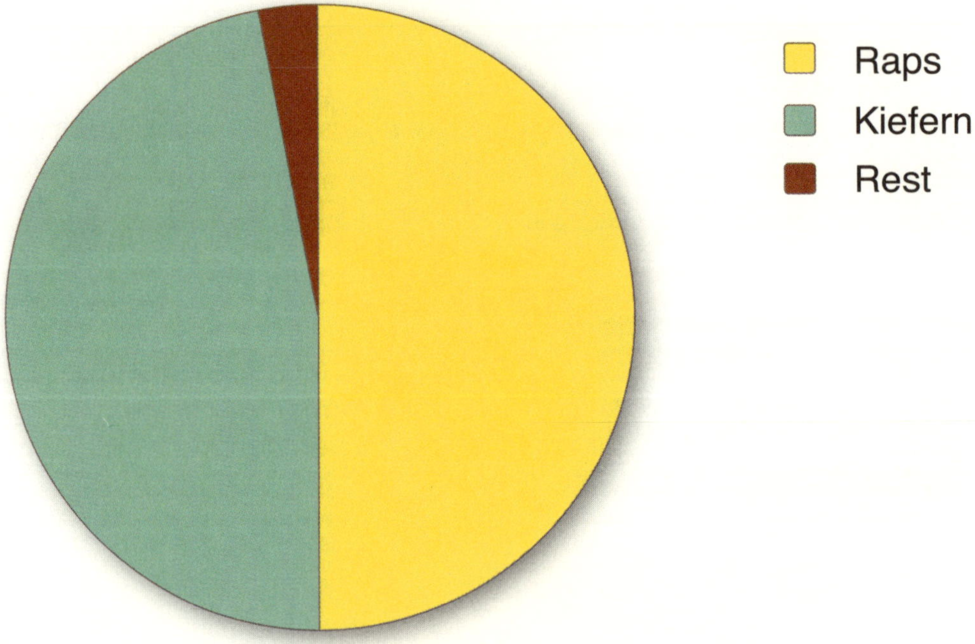

Deutschlands Fauna

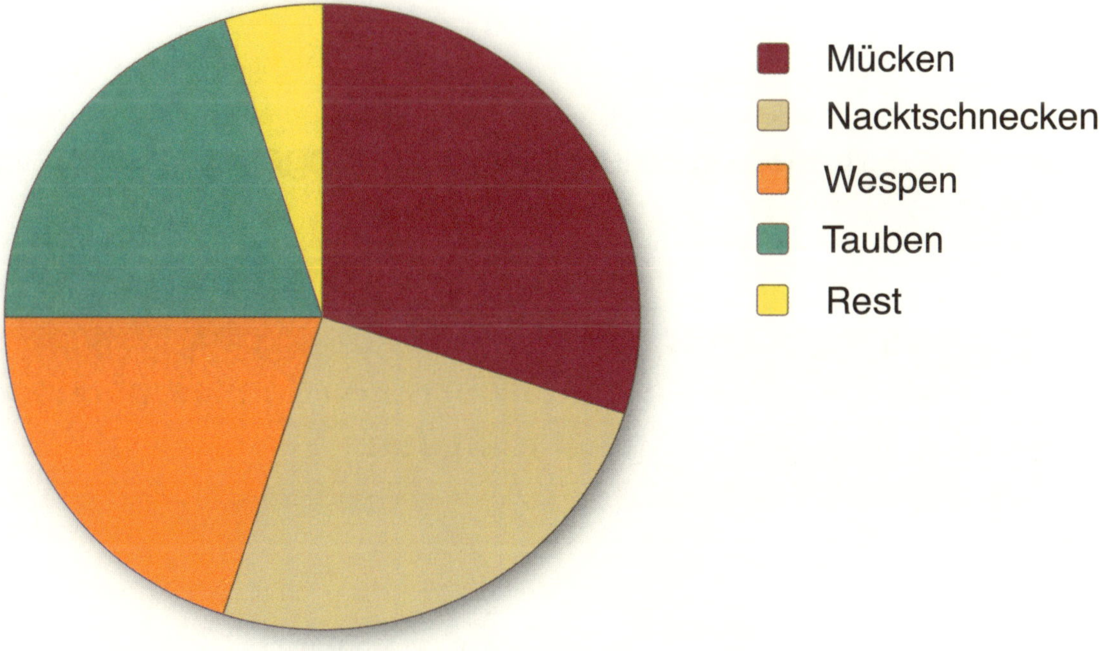

Die zwei Konjunkturphasen Deutschlands

1. Krise, in der es keine Lohnerhöhungen geben kann.

2. Aufschwung, den man nicht durch Lohnerhöhungen gefährden darf.

Deutsches Handwerk

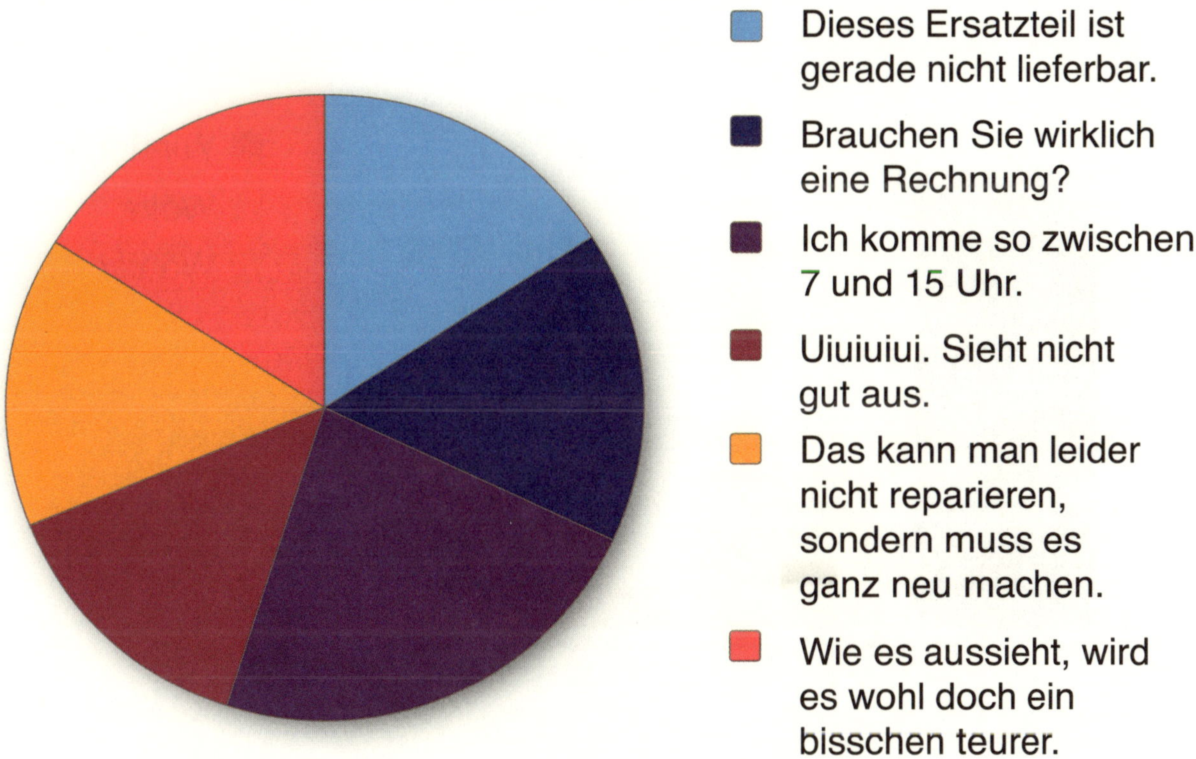

Mecklenburg-Vorpommern

Deutsche Geschichte

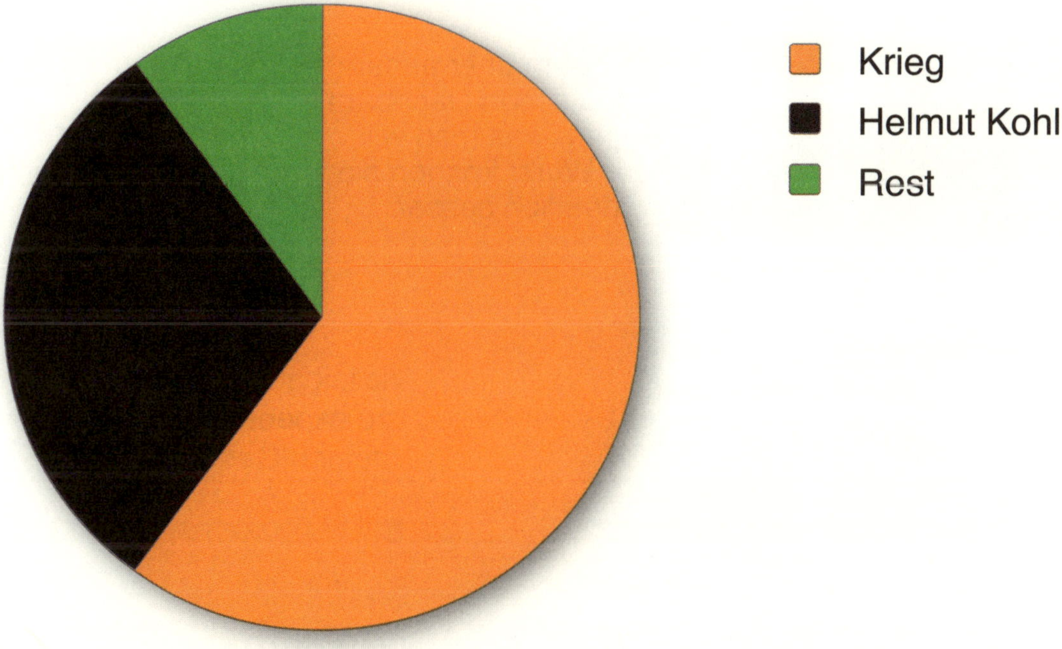

Selten gesagte Sätze über deutsches Essen

Eigentlich sehr raffiniert, aber es könnte ruhig ein bisschen Fleisch dabei sein.

Man kann über unsere europäischen Nachbarn sagen, was man will, aber Wurst können sie deutlich besser.

Viel braune Sauce! Sehr gut, daran erkennt man Qualität.

Die Portion dürfte etwas größer sein.

Vielleicht ein bisschen zu experimentell für meinen Geschmack.

Niedersachsen

Hitlervergleiche
1945
2015

Einkommensquellen in Berlin

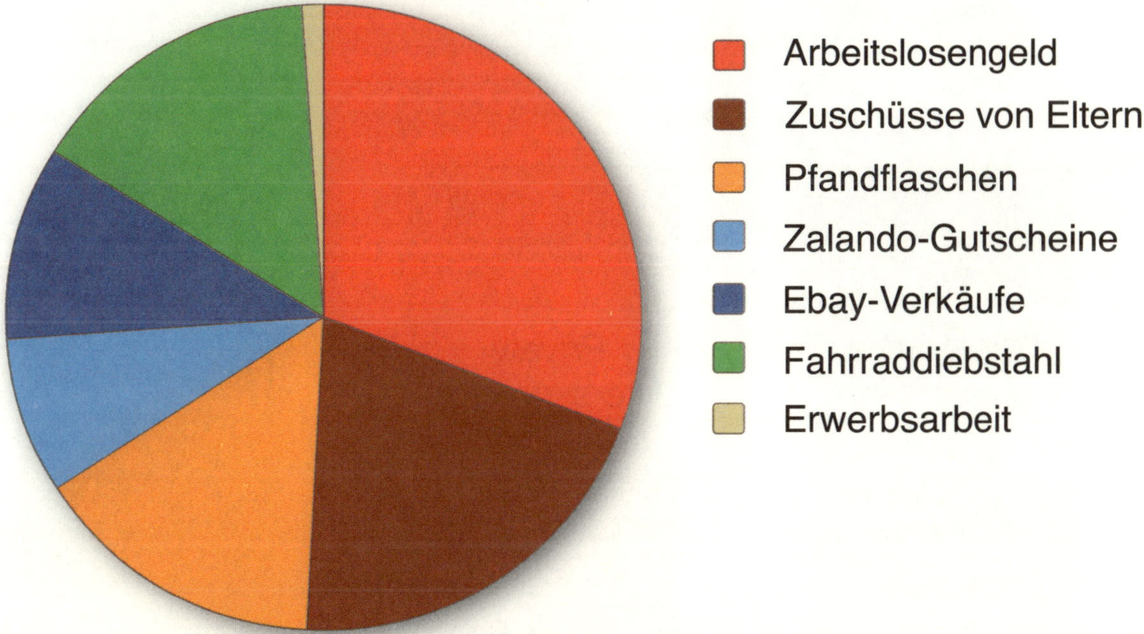

Die drei Säulen der Altersvorsorge

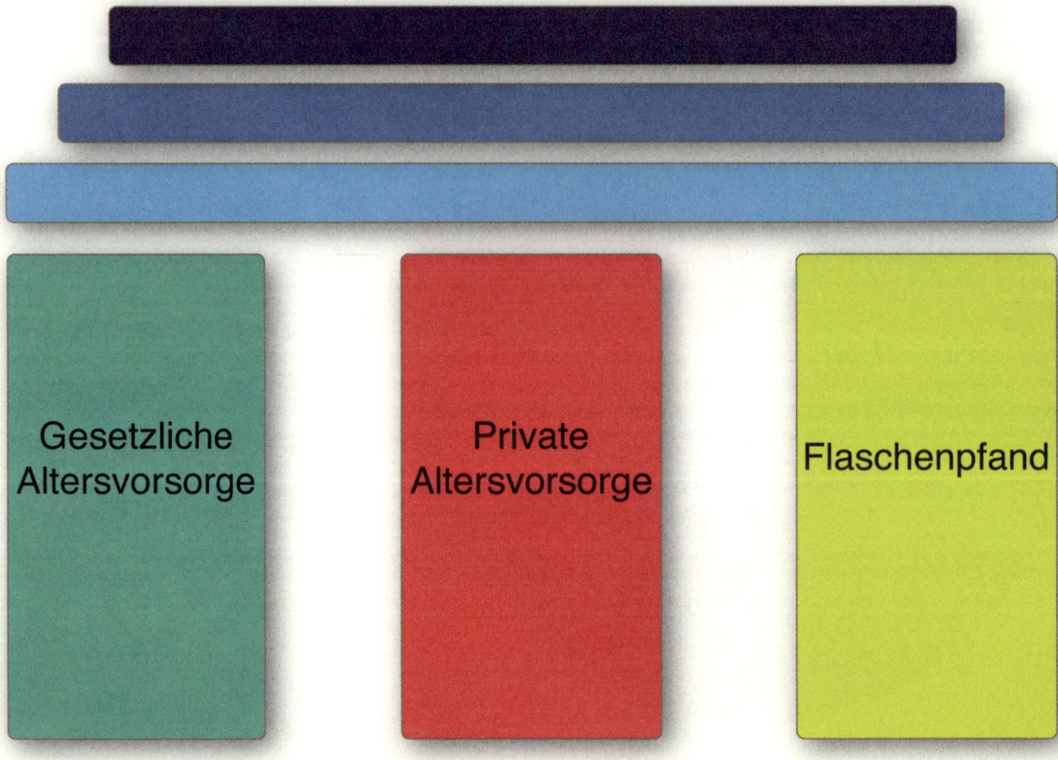

Selten gesagte Sätze über deutsche Behörden

Der Beamte hat mir die Vorschrift in kurzen, gut verständlichen Sätzen erklärt.

Dann habe ich der Beamtin einen Zehner in die Hand gedrückt, und sie hat's durchgewunken.

Ich freue mich eigentlich immer über Post vom Finanzamt.

Und niemand war vor mir.

Die Yucca im Wartebereich unterstreicht die sehr angenehme Atmosphäre.

Deutsche Medien

Süddeutsche Zeitung	▪ Mann beißt Hund
SPIEGEL ONLINE	▪ Brutale Bestie beißt Beagles behaartes Bein
Bild	▪ So wohnt der irre Hundebeißer (56) privat
BUNTE	▪ Die Frau des Hundebeißers: Zwei Wochen nach Entbindung kämpft sie mit den Schwangerschaftskilos
DER SPIEGEL	▪ Geheimakte Blondi: Biss Hitler seinen Hund?
Handelsblatt	▪ Hundebiss vor Handelsschluss: Märkte reagieren gelassen
FOCUS	▪ Die 20 besten Orte, um Hunde zu beißen
Brigitte	▪ So purzeln die Pfunde: Leichte Sommergerichte mit Hund
NEON	▪ Hunde beißen oder Holunderblütenlimo? Was uns wirklich glücklich macht

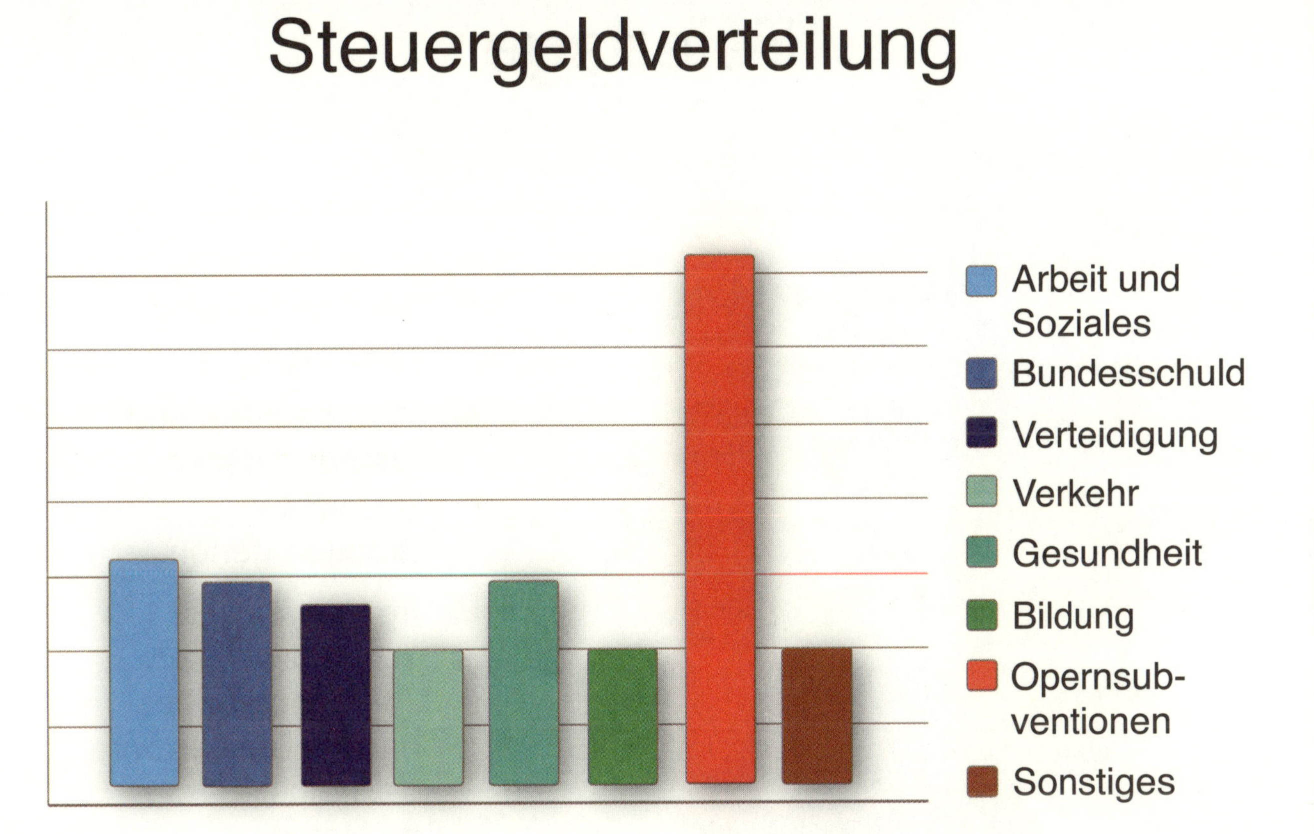
Steuergeldverteilung
Arbeit und Soziales
Bundesschuld
Verteidigung
Verkehr
Gesundheit
Bildung
Opernsubventionen
Sonstiges

Feiertage

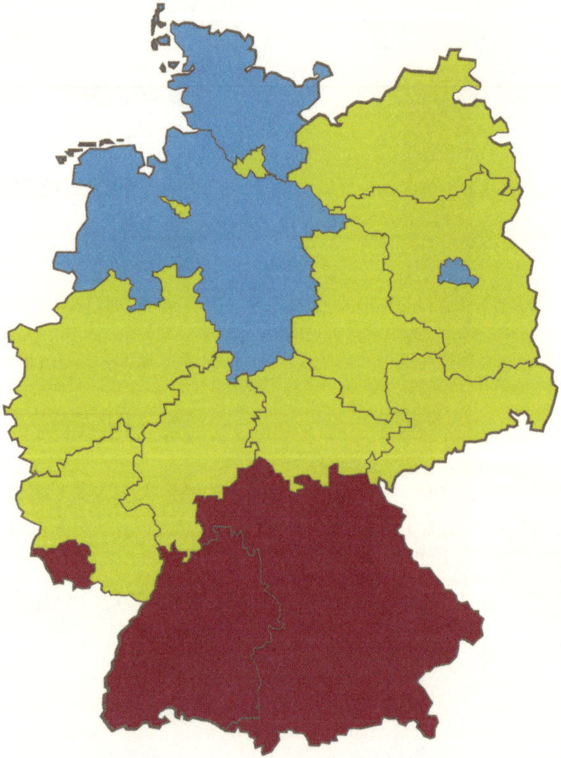

- Was genau sind Feiertage?
- Weihnachten und Ostern müssen wir nicht arbeiten gehen.
- Irgendwas wird Jesus an diesem Tag schon erlebt haben. Bleiben wir deshalb lieber zu Hause.

Was man über Sachsen-Anhalt weiß

Deutsche Märchen

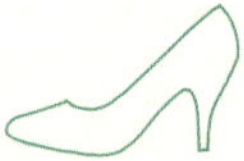
Aschenputtel

Dornröschen

Der gestiefelte Kater

Schneewittchen

€ Die Renten sind sicher

Selten gesagte Sätze über deutsche Literatur

Von Grass mag ich am liebsten die Gedichte.

Also Goethe sagt mir jetzt nichts.

Ich bin gestern so spät ins Bett, weil der „Zauberberg“ gerade so spannend war.

Ich bin jetzt 42 und lese Hermann Hesse immer noch gerne.

Ich kannte Herta Müller schon, bevor sie den Nobelpreis erhielt.

Gesetzgebungsverfahren in Deutschland

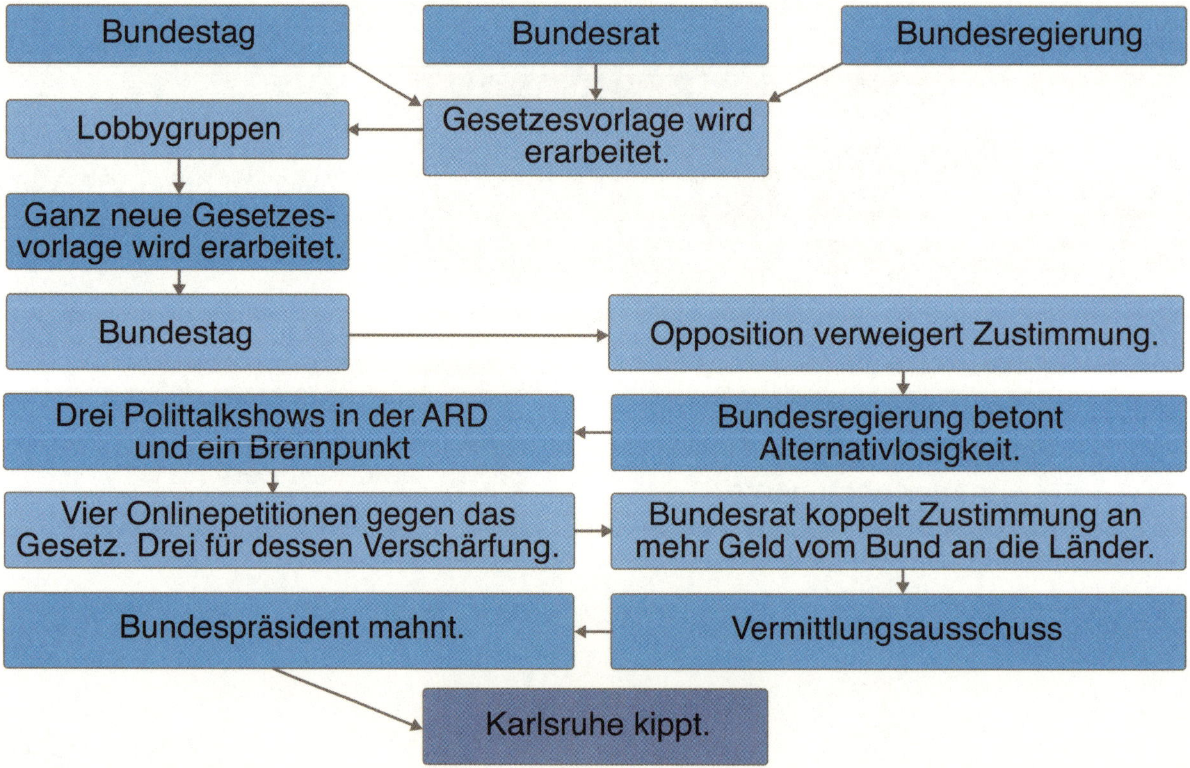

Freie Kindergartenplätze in Deutschland

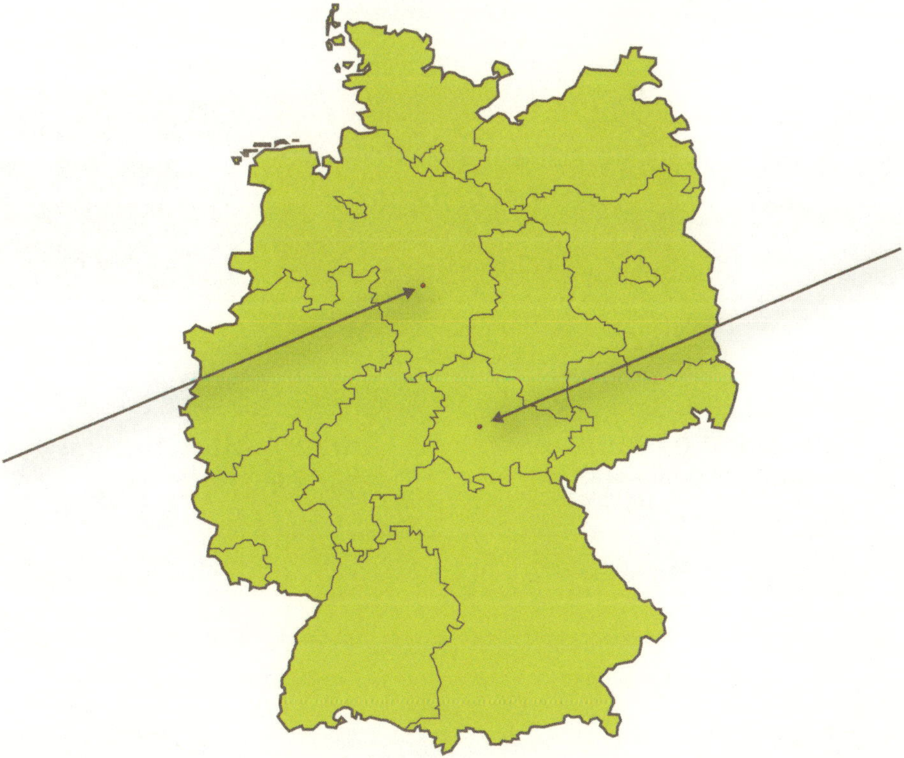

Selten gesagte Sätze über deutschen Fußball

Jedenfalls ist es keine Turniermannschaft.

Sie sollten mal Lothar Matthäus fragen.

Das Spiel interessiert mich nicht, aber ich höre Steffen Simon so gerne zu.

St. Pauli steht einfach nur für guten Fußball.

Bayern München ist mir eigentlich egal.

Wofür das Bauhaus bekannt ist

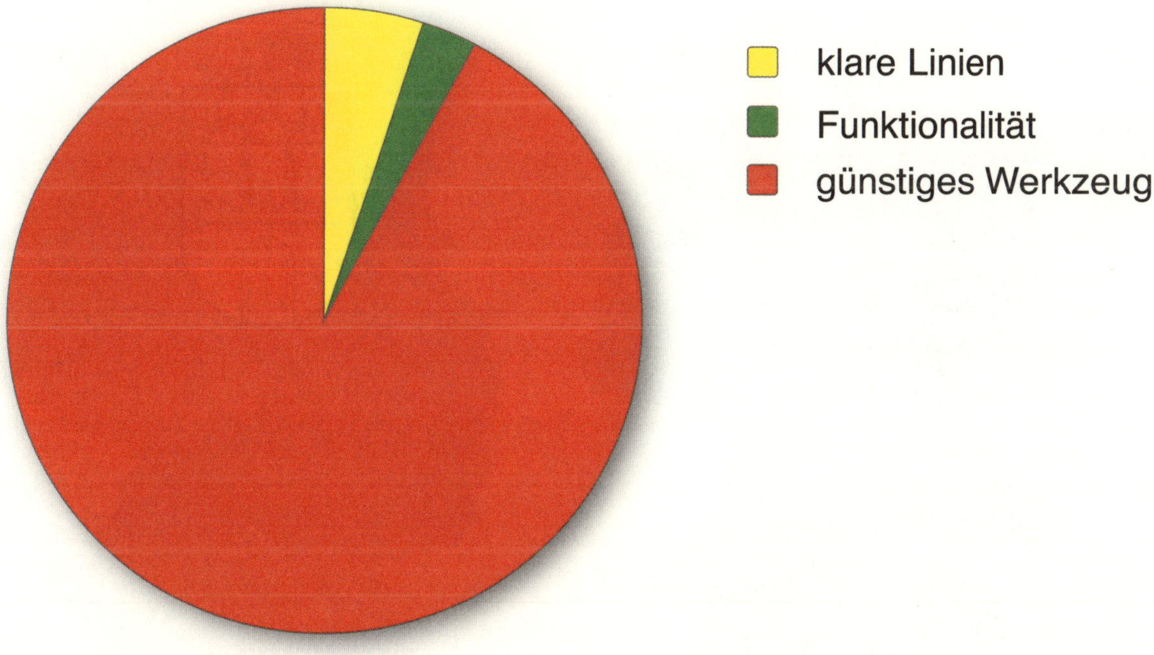

Hamburg

Hamburg aus Sicht der Welt

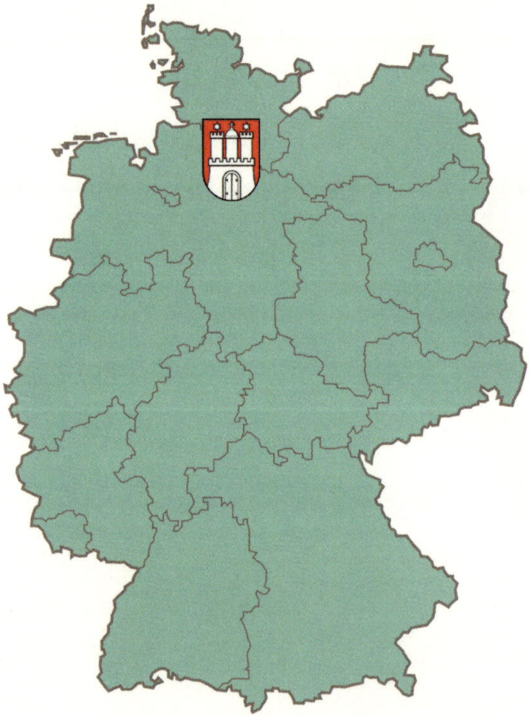

Hamburg aus Sicht der Hamburger

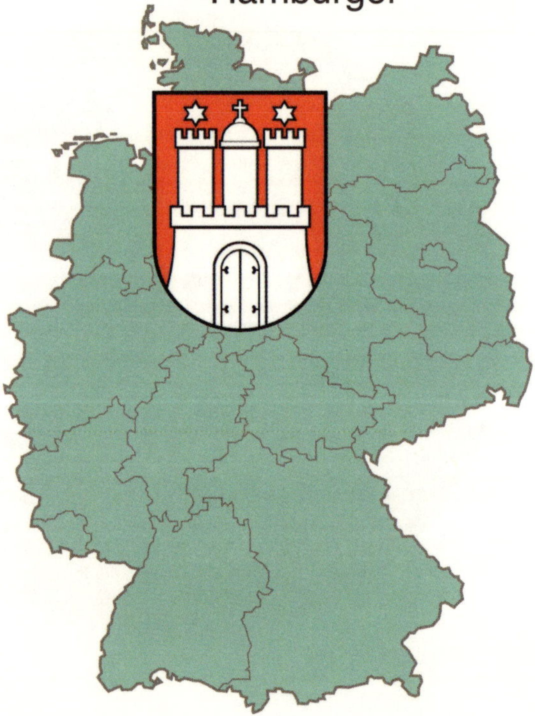

Deutscher Film: Drama

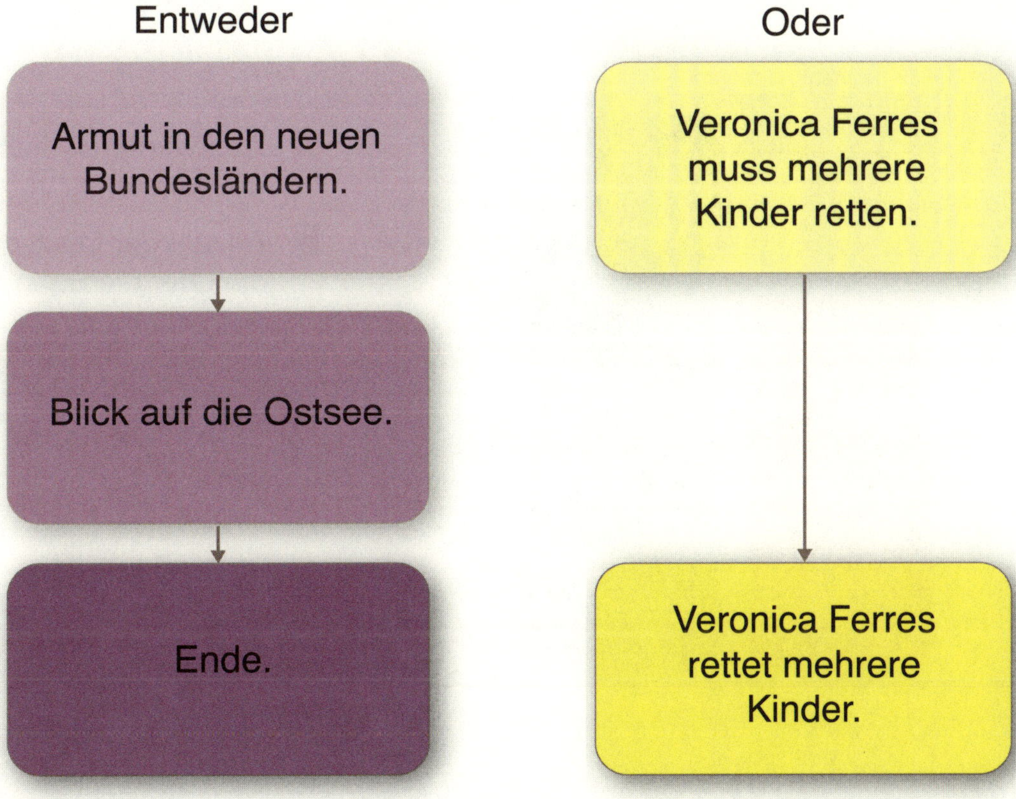

Deutsche Bahn

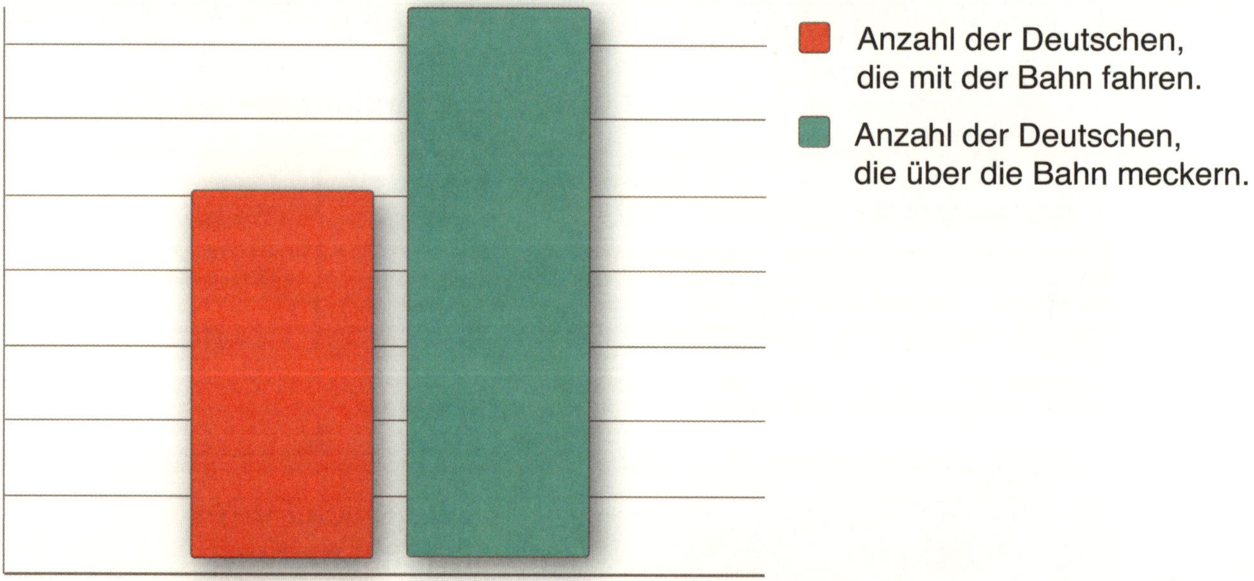

ZDF-Zielgruppen

Selten gesagte Sätze von Stuttgartern

Ein alter Opel Corsa tut's auch.

Na gut, dann ist da eben ein Fleck.

Drei Schrippen, bitte.

Ich lade euch ein!

Meine Eltern finden es gut, dass ich Kunstgeschichte studiere.

Das politische System

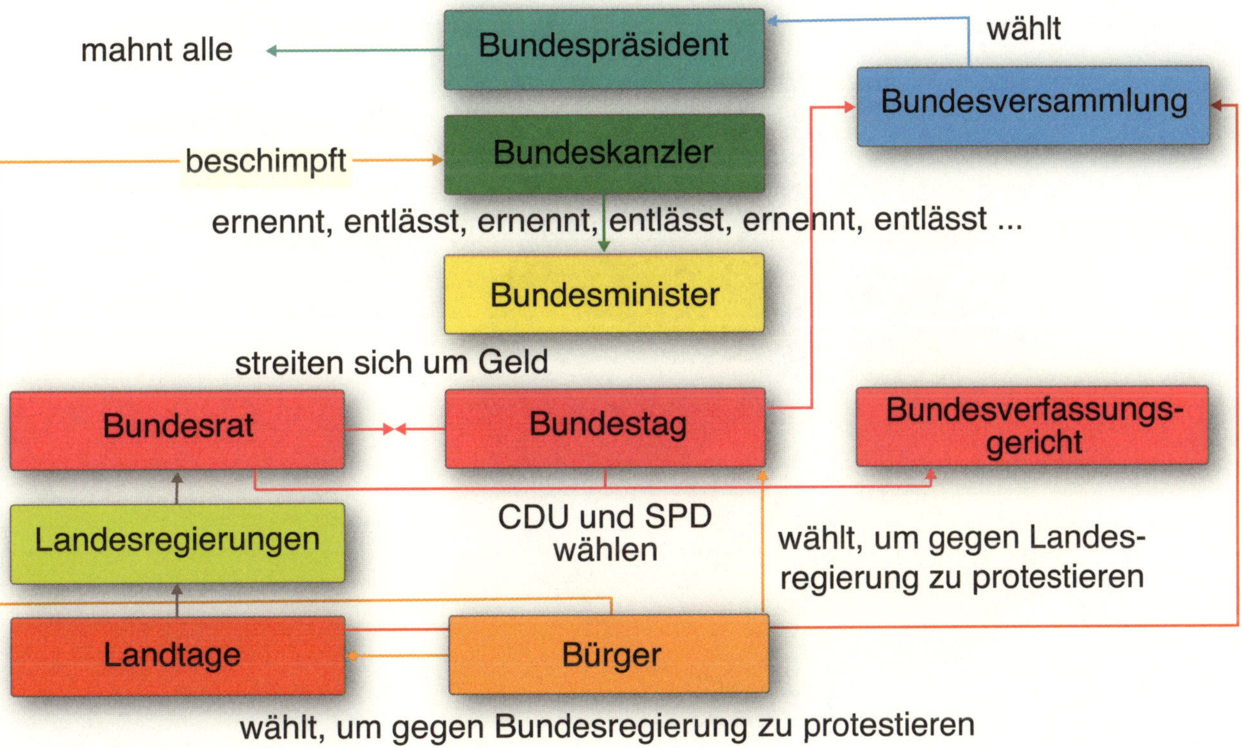

Deutsche Anlageformen

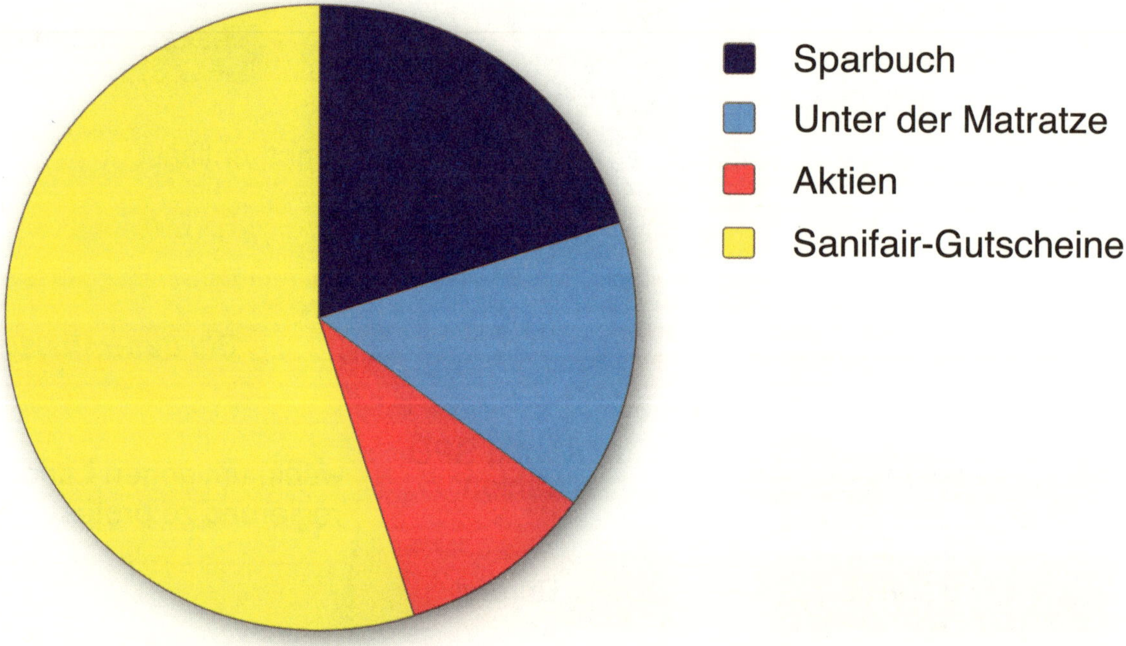

Flächennutzung in Deutschland

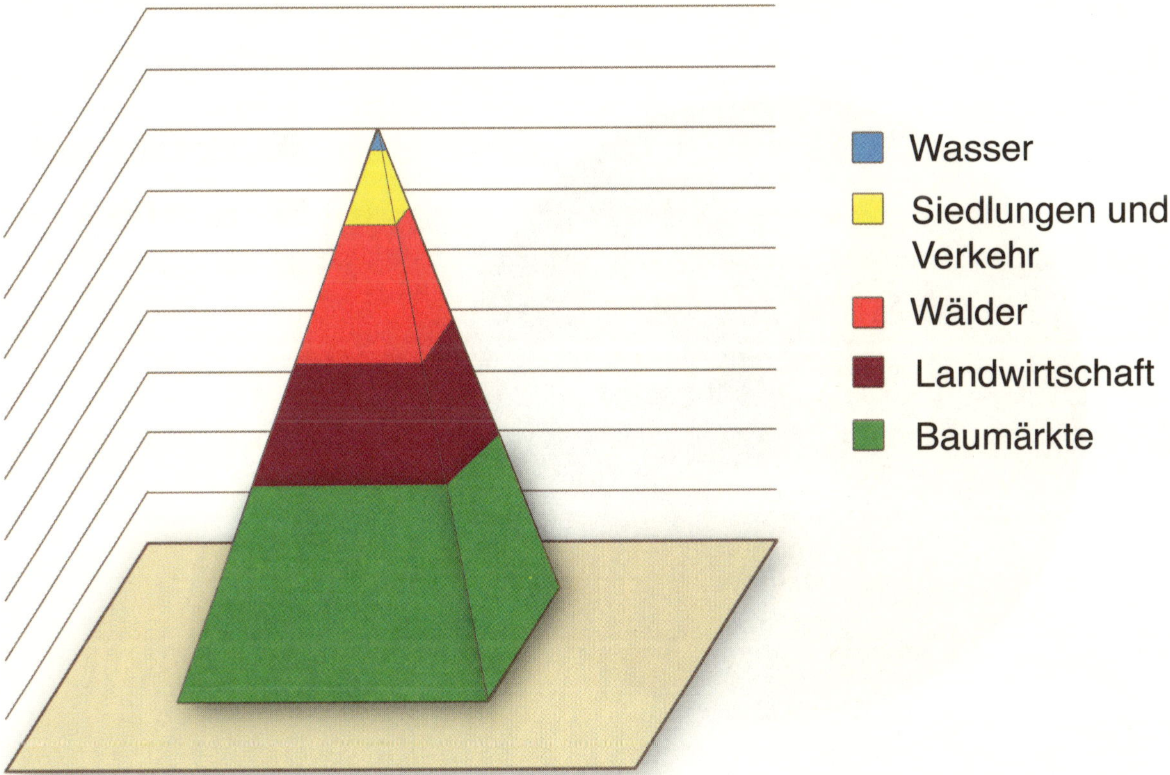

Rheinland-Pfalz

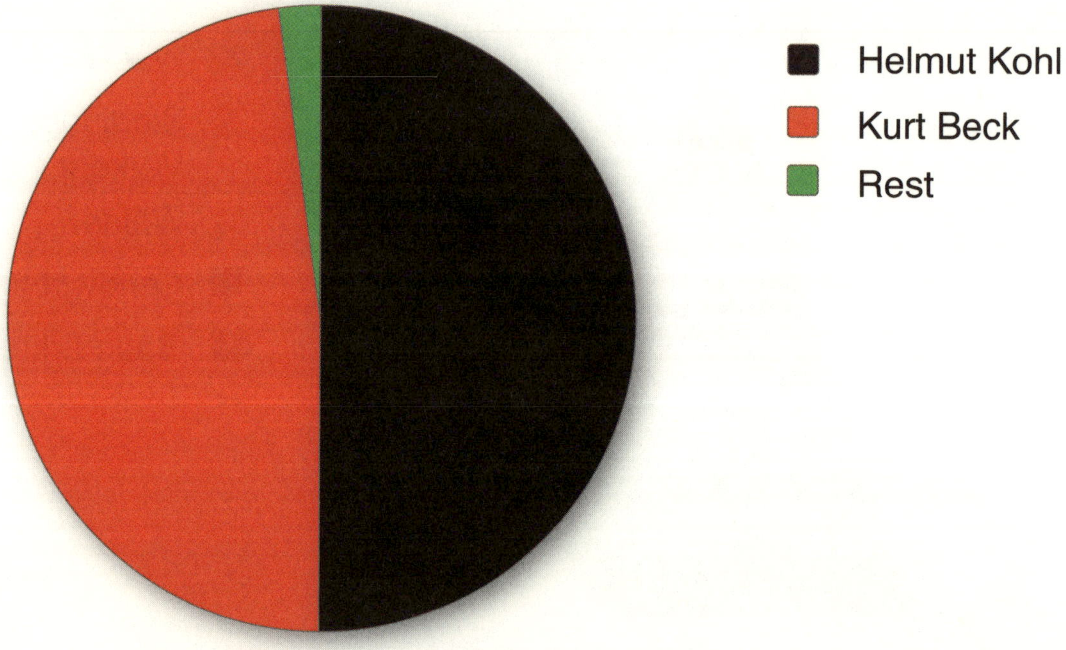

Aufwachen in Deutschland

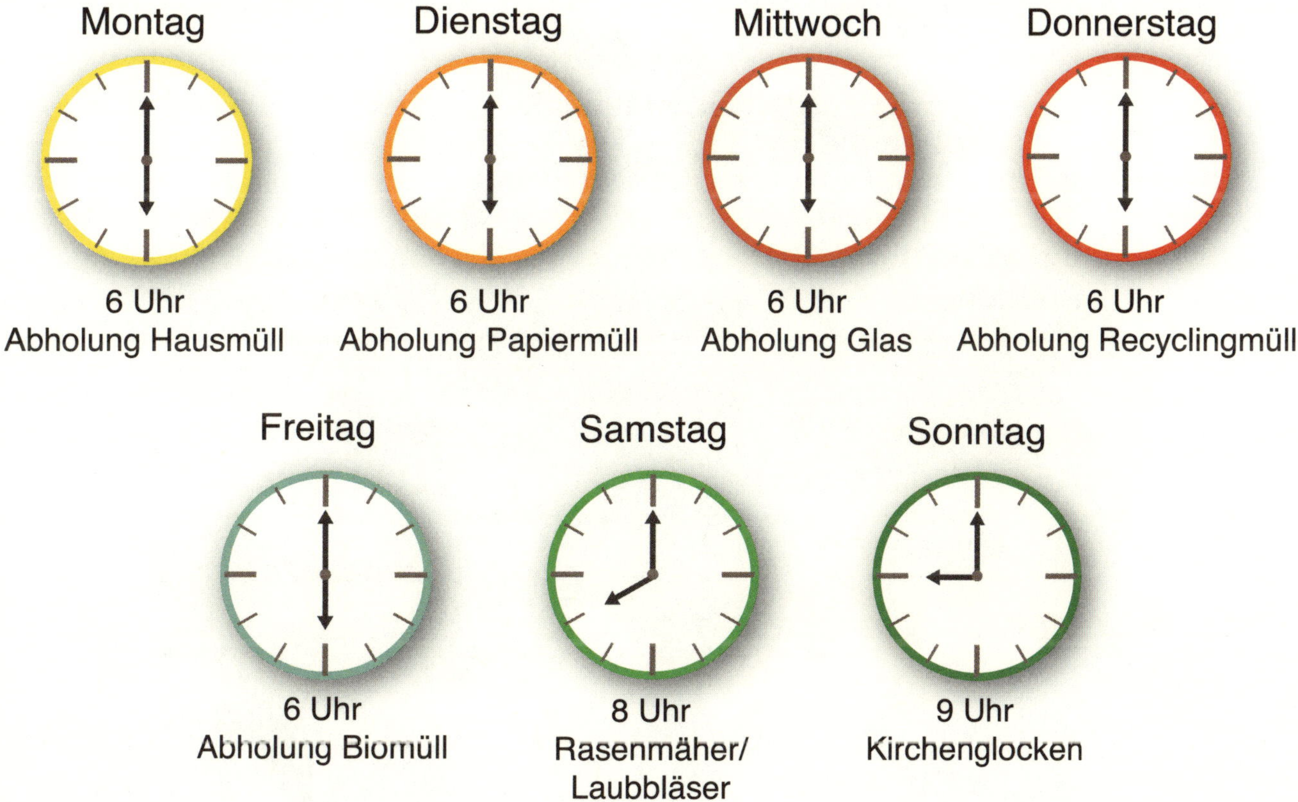

Berliner Bezirke

Wann man in Deutschland bei Rot über eine Ampel geht

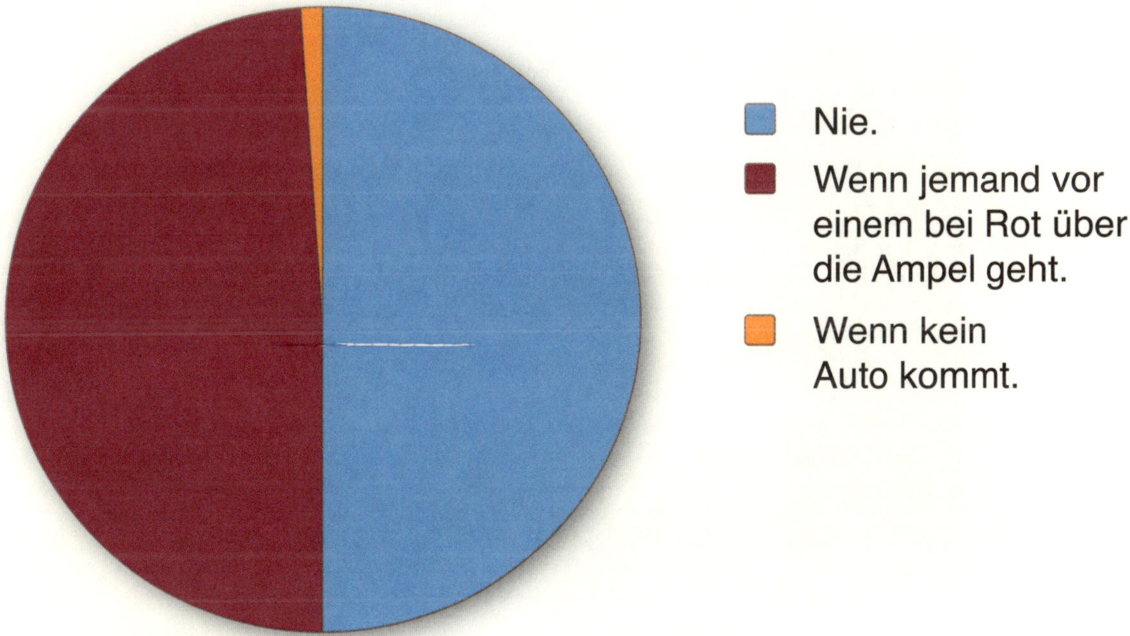

Deutsche Effizienz

Für wie effizient die Deutschen gehalten werden.

Wie effizient die Deutschen wirken, wenn man sie beim Ein- und Aussteigen in ICEs beobachtet.

Selten gesagte Sätze über deutsche Parteien

Mit der CDU ziehen auch frische Visionen in den Bundestag!

Die SPD ist sich immer treu geblieben.

Die Grünen sind immer noch die Revoluzzer, die sie mal waren.

Mir fehlt die FDP!

Die CSU möchte man ja am liebsten in ganz Deutschland haben.

Die schönsten Ecken des Ruhrgebiets

Patriotismus

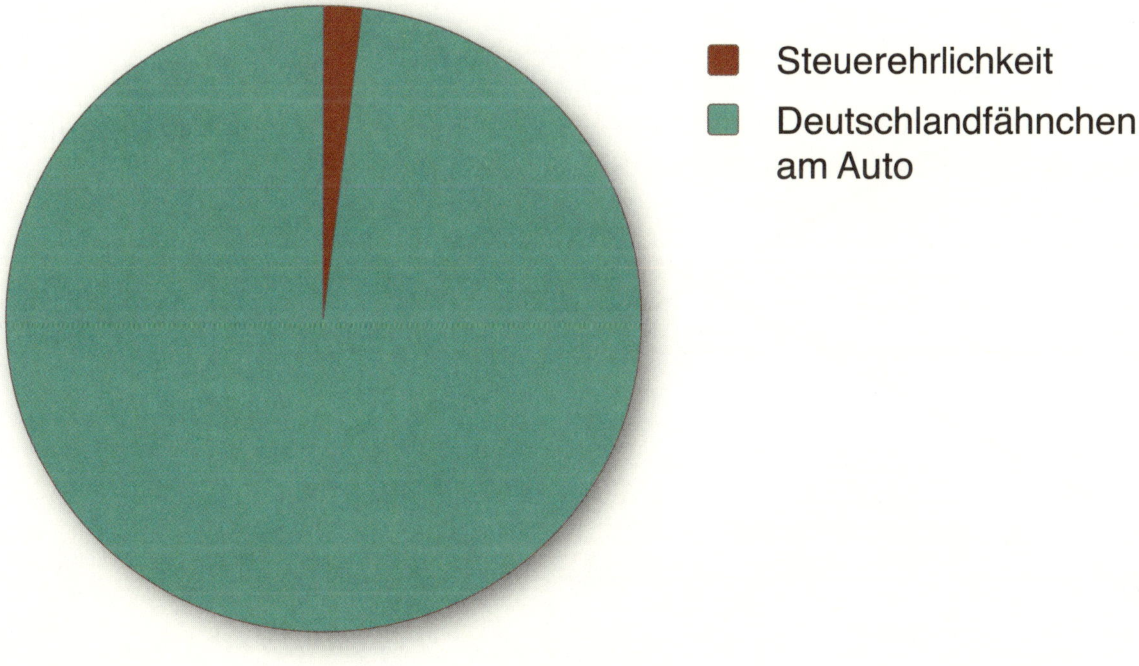

Ausbildung in Deutschland

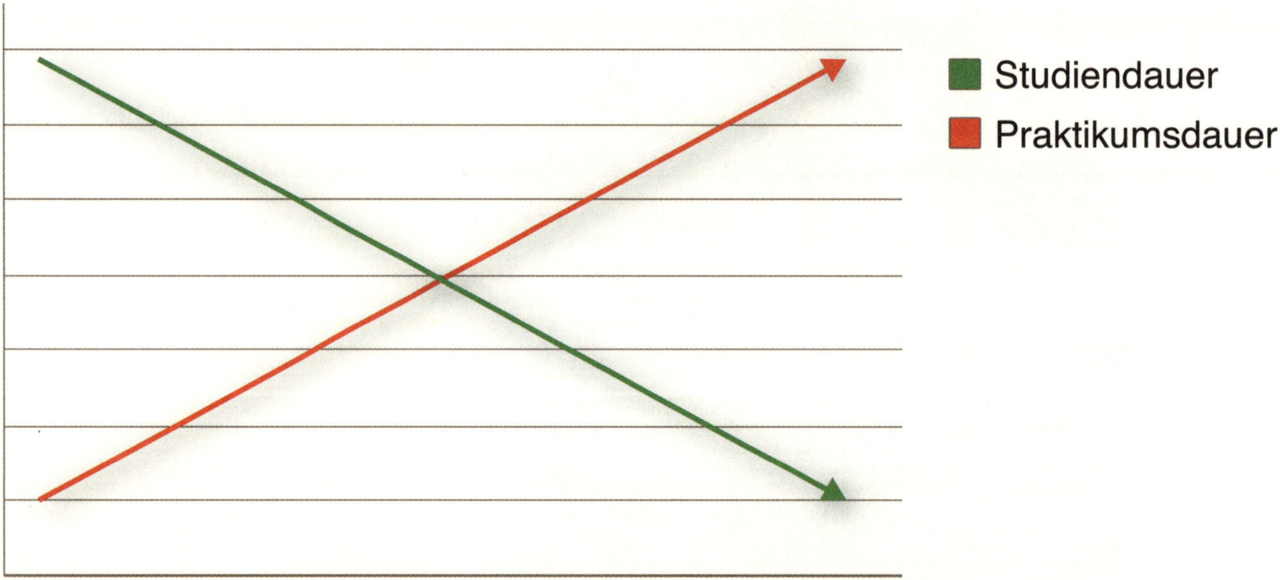

Was Deutsche verbindet

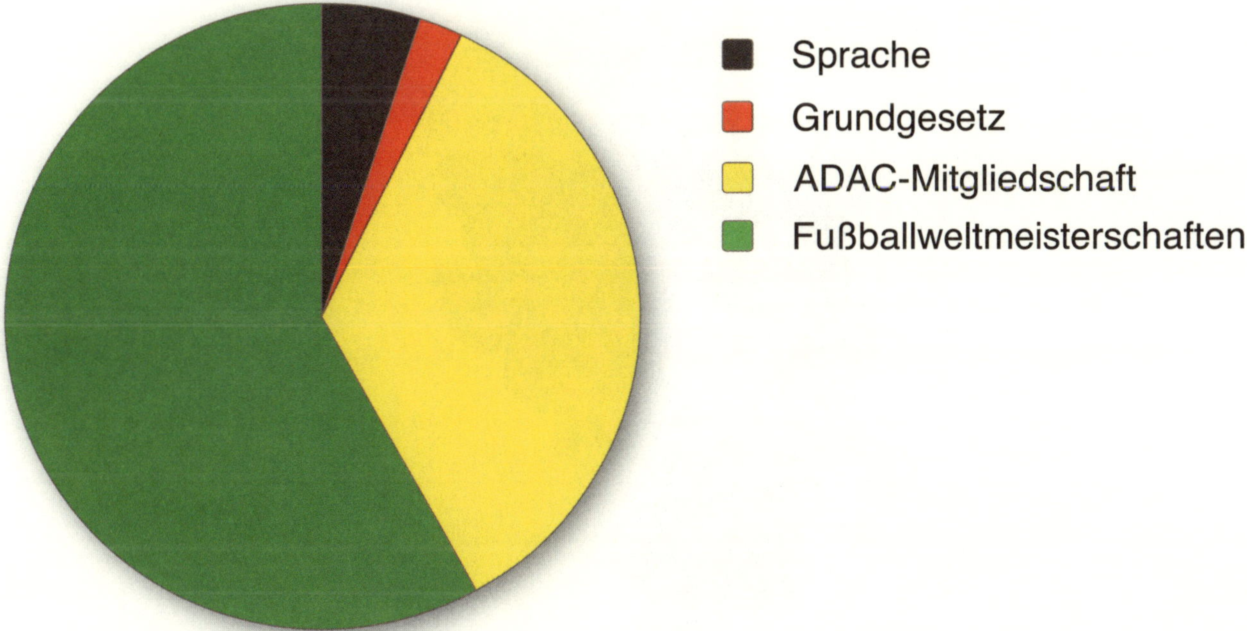

Stauschwerpunkte in Hessen

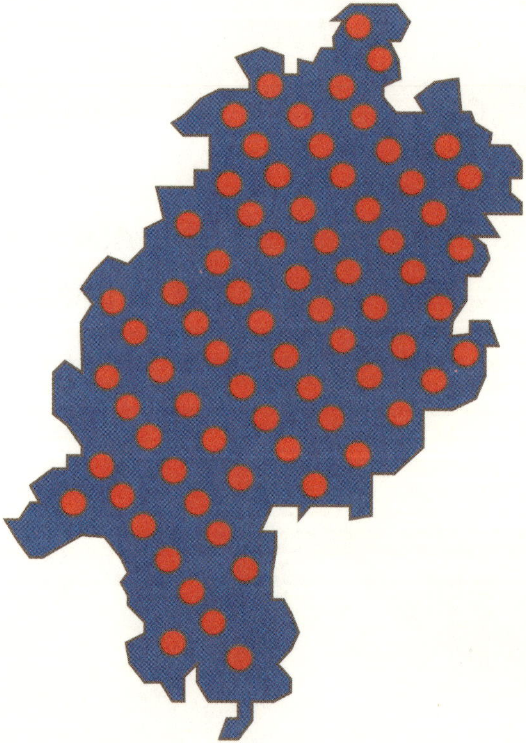

Typisch deutsch

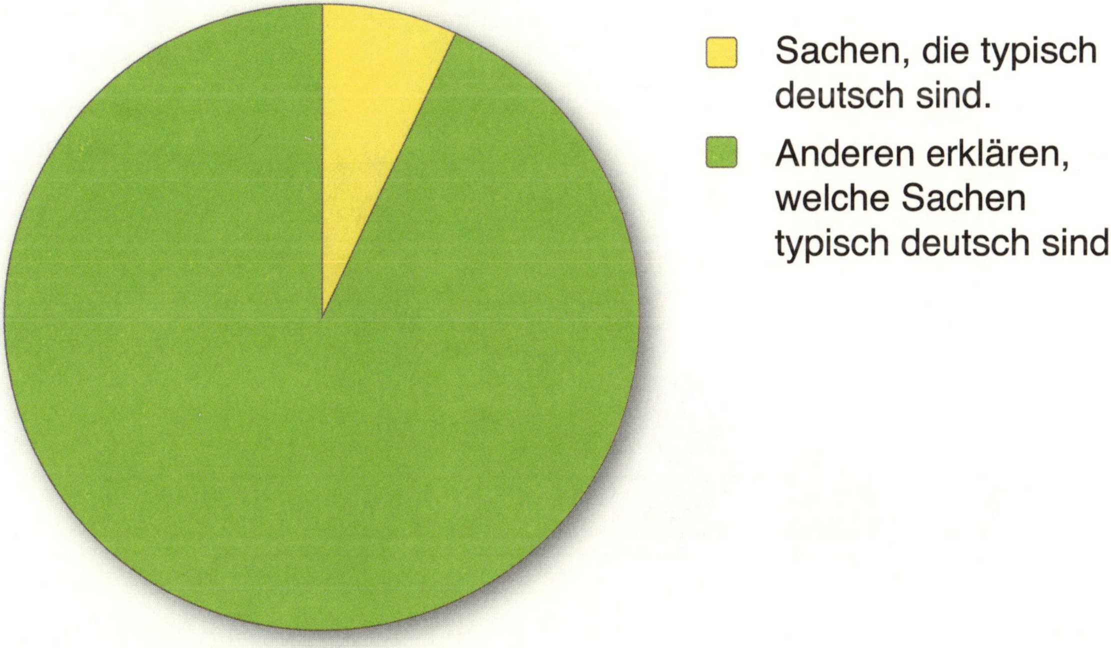

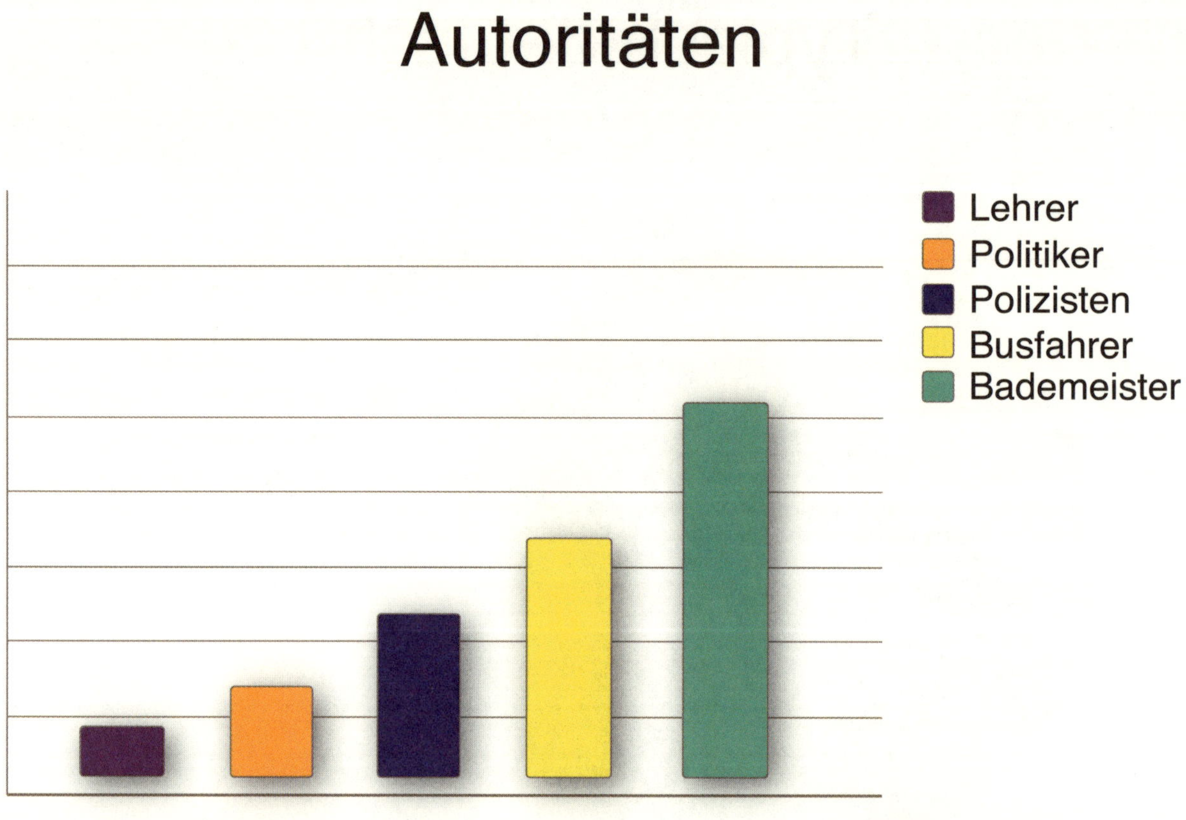
Autoritäten
Lehrer
Politiker
Polizisten
Busfahrer
Bademeister

Woran man in Deutschland erkennt, dass man auf einer Party ist

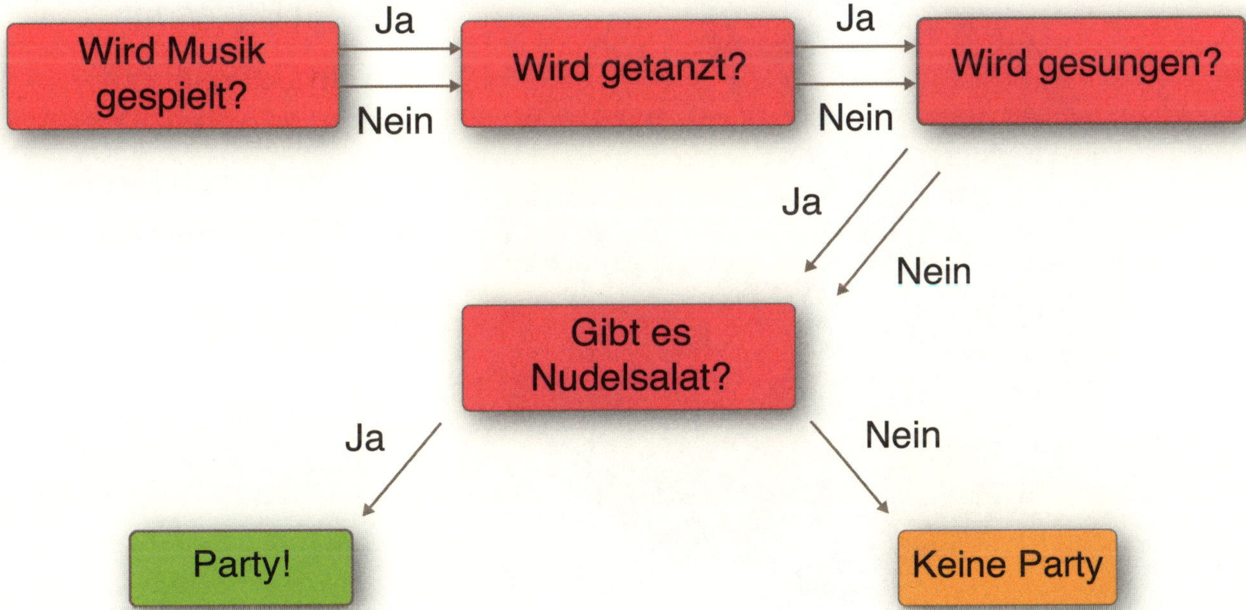

Touristen in Brandenburg

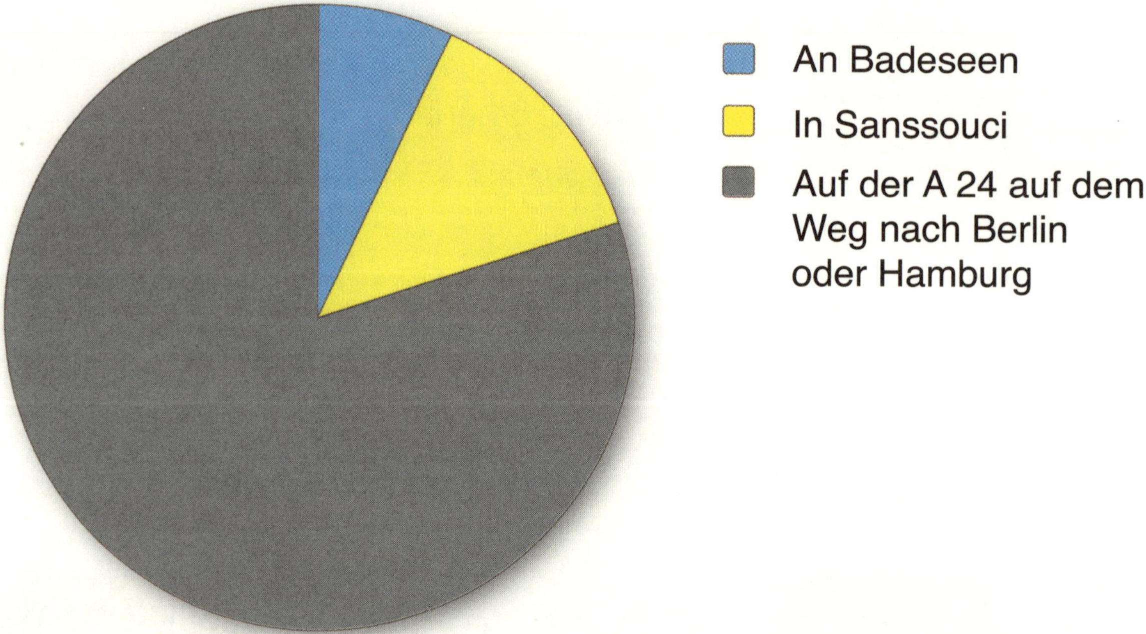

Selten gesagte Sätze über deutsches Fernsehen

Schade, dass sie sich beim ZDF-Film am Ende nicht gekriegt haben.

Besser könnte ich die Rundfunkgebühren auch nicht einsetzen.

Bei Jauch sitzen wieder nur Frauen! Der könnte ruhig auch mal ein paar ältere Männer als Gäste einladen.

Ich glaube, die Programmverantwortlichen halten uns für schlauer, als wir sind.

Der Tatort gestern war super! Nix zu meckern.

Mobile Internetabdeckung in Deutschland

Berlin

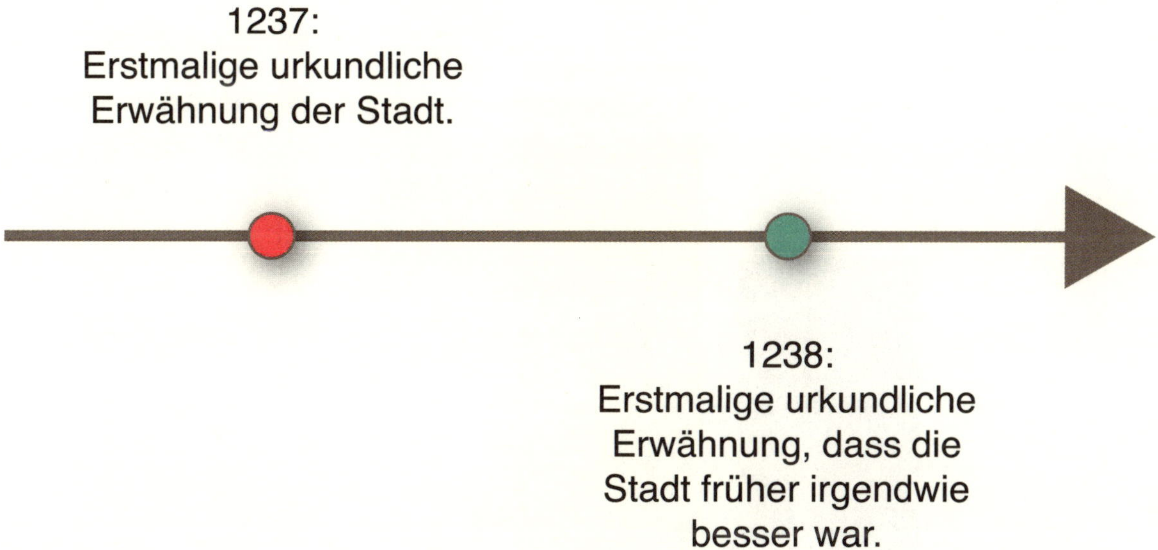
1237:
Erstmalige urkundliche Erwähnung der Stadt.
1238:
Erstmalige urkundliche Erwähnung, dass die Stadt früher irgendwie besser war.

Deutsche Verhältnisse

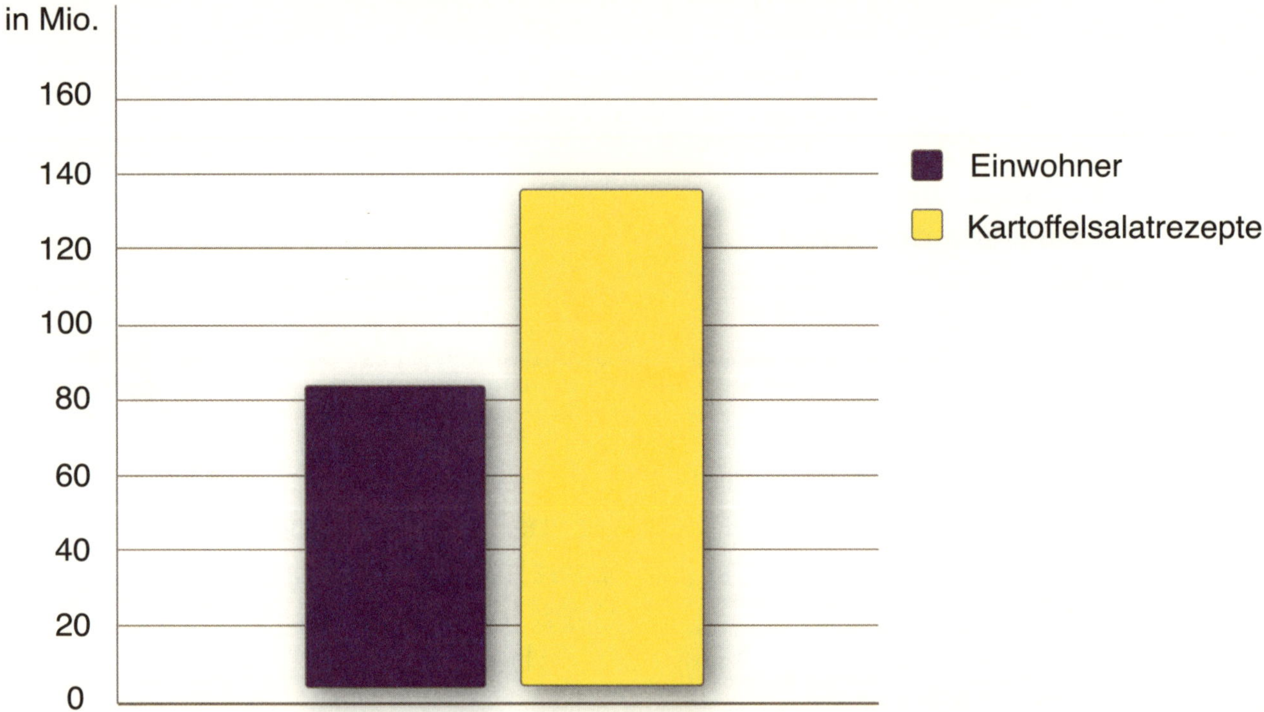

Schleswig-Holsteins Bruttoinlandsprodukt

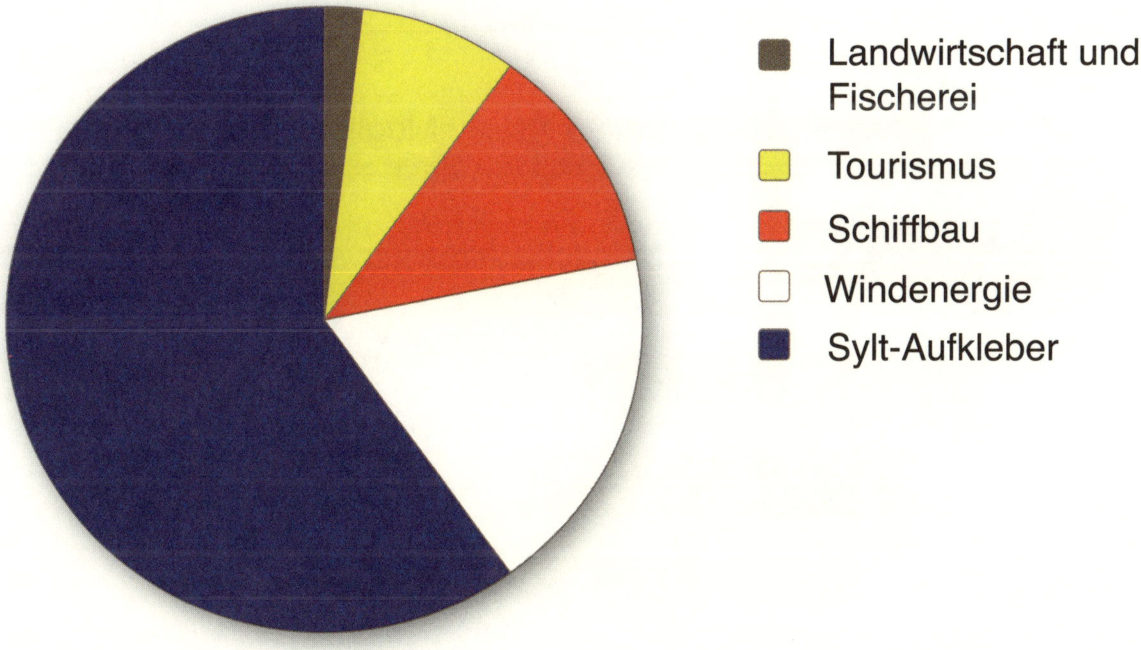

Angela Merkels Politik

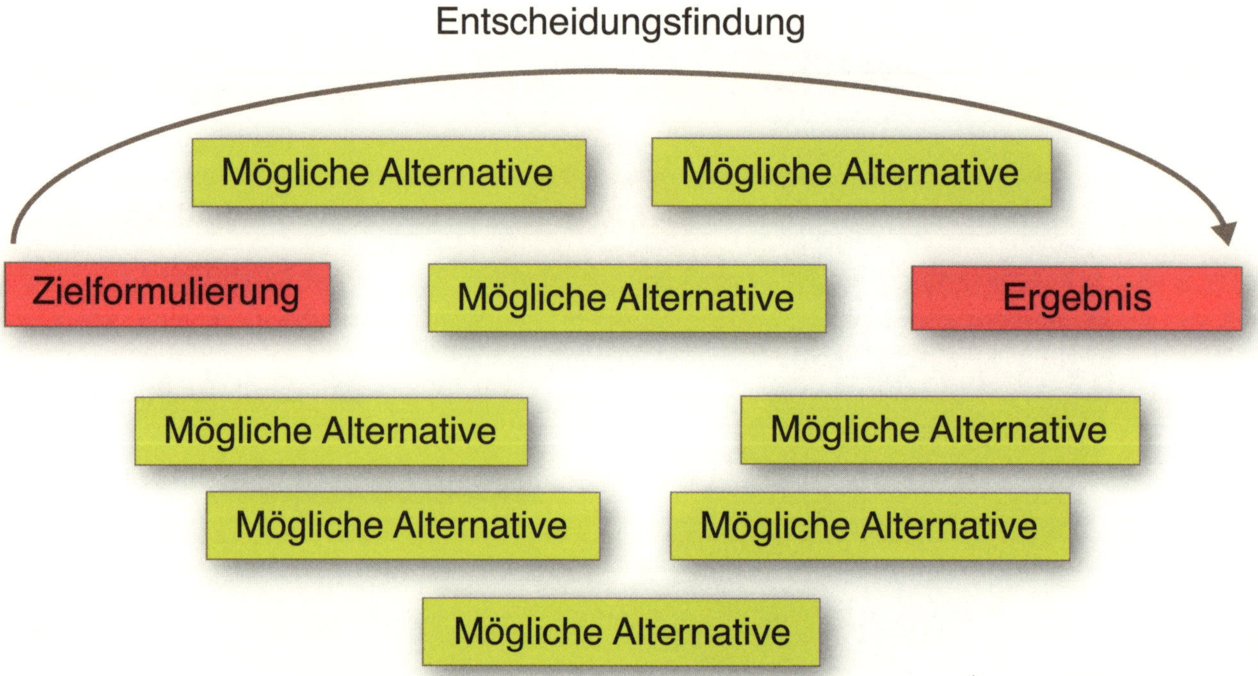

Selten gesagte Sätze von Berlinern

Ja, ich wurde hier geboren.

Ach, ich rede eigentlich nicht so gerne über den Wohnungsmarkt.

Ich weiß nicht, welches Arbeitsamt für mich zuständig ist.

Schon schön, wie sich unsere Stadt so verändert!

Naja, Hamburg ist schon deutlich cooler.

Gäste in Polittalkshows

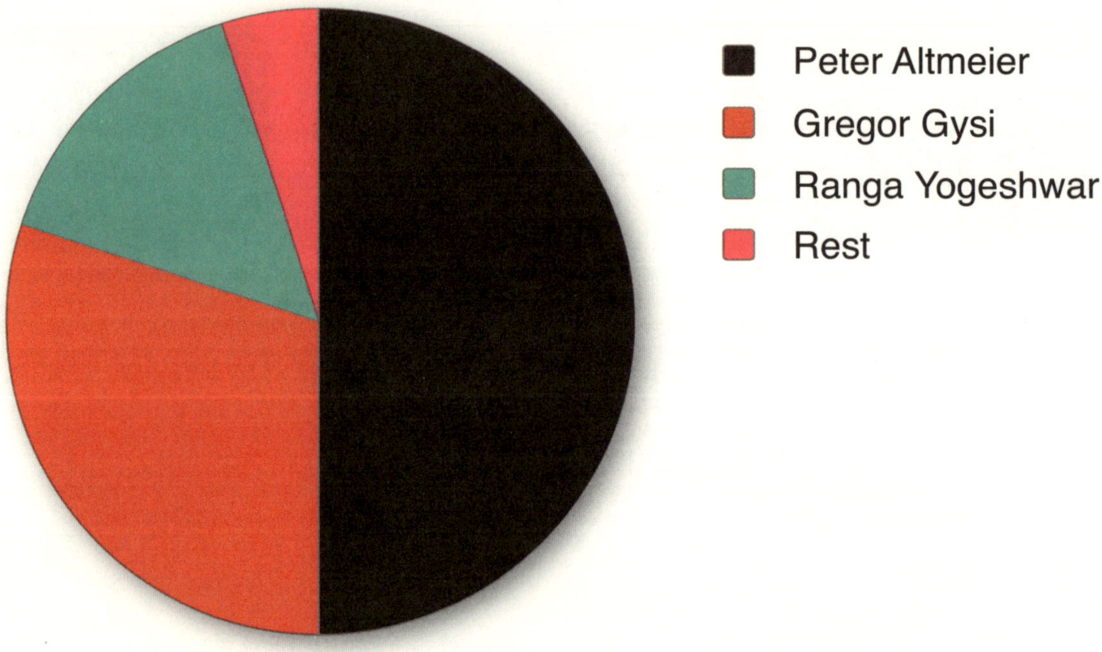

Das deutsche Gesundheitssystem

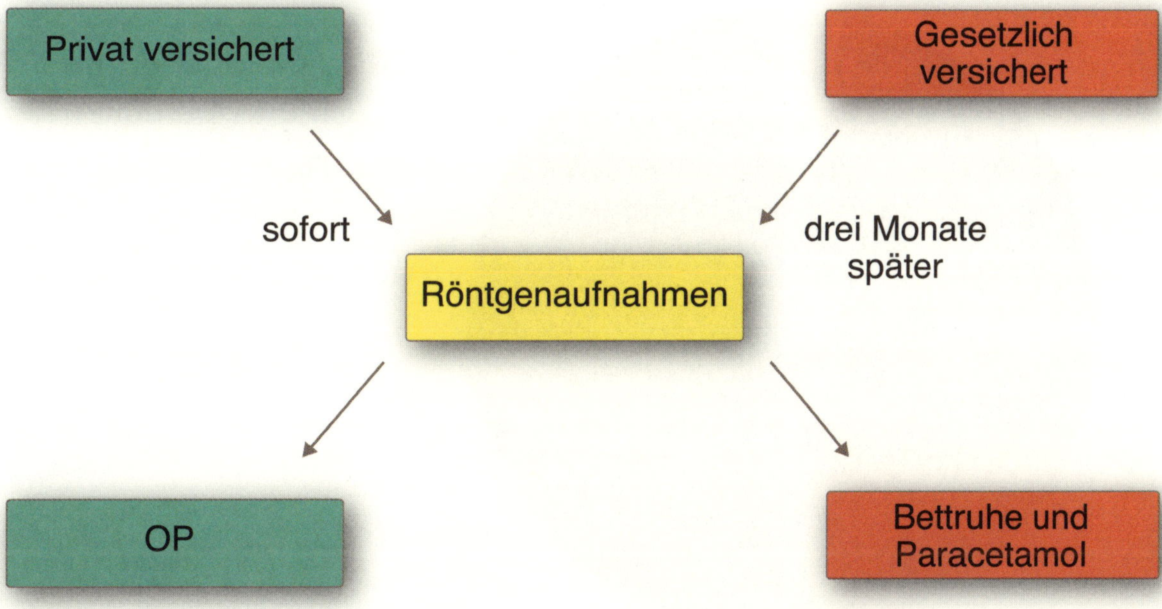

Deutsches Kabarett

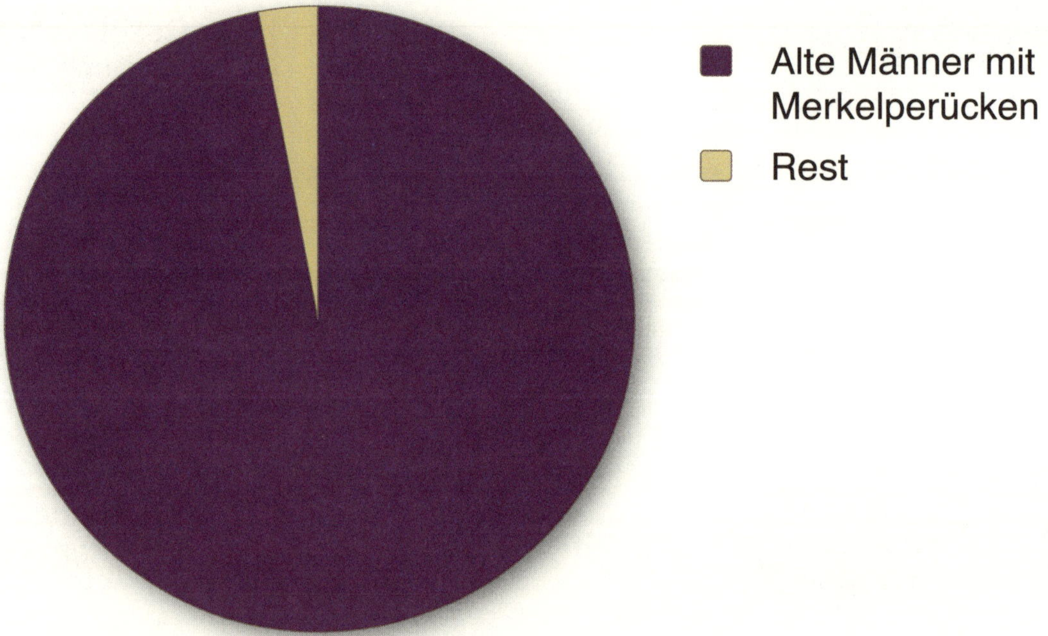

Filmplots der 3. Programme

NDR	▪ Wortkarger Inselbewohner rettet Pferdegestüt attraktiver Blondine, die sich dann für ihn vom Hamburger Immobilienrechtsanwalt trennt.
WDR	▪ Sie treffen sich auf einer Demo gegen die Schließung einer Suppenküche, fliehen vor Menschenhändlern und kämpfen gegen Tierversuche. Am Ende ertrinkt sie im Rhein.
BR	▪ Sie kennen sich seit Kindheitstagen, weil ihre Eltern Nachbarn waren. Sie heiraten und bekommen zwei Kinder. Im Hintergrund blühen Geranien.
mdr	▪ Kein Film. Stattdessen tanzt das deutsche Fernsehballett.

Beliebtheit bayerischen Geldes

Deutsche Prominente

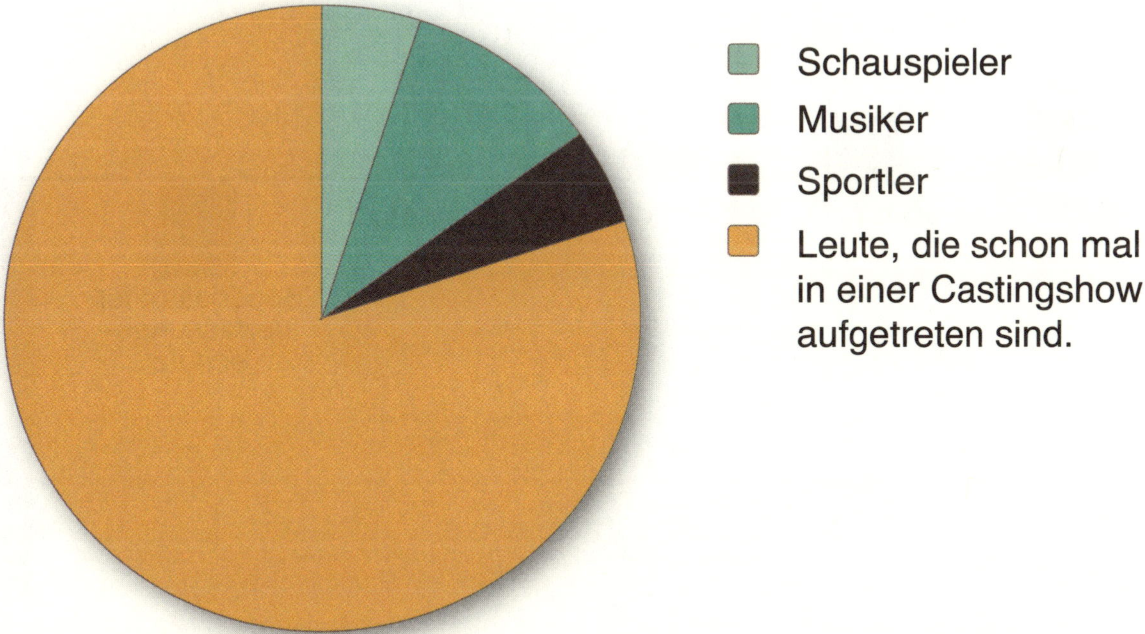

Beliebtheit deutscher Organisationen

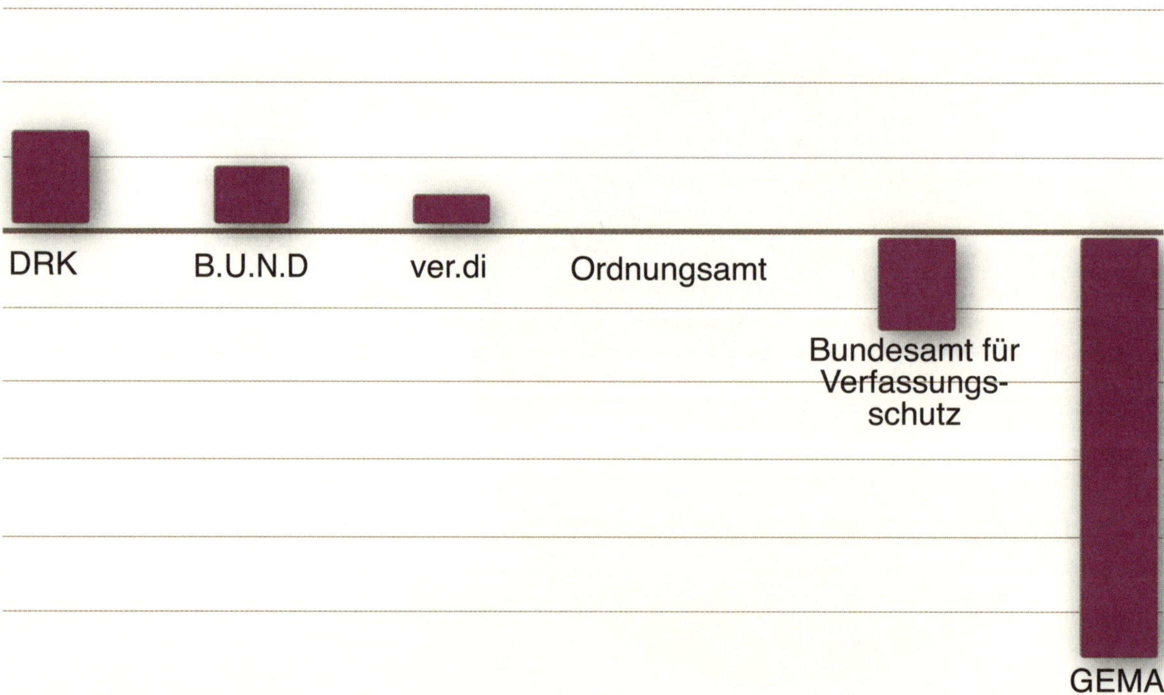

Anlässe, um sich seltsam zu kleiden und zu betrinken

Fachkräftemangel in Deutschland

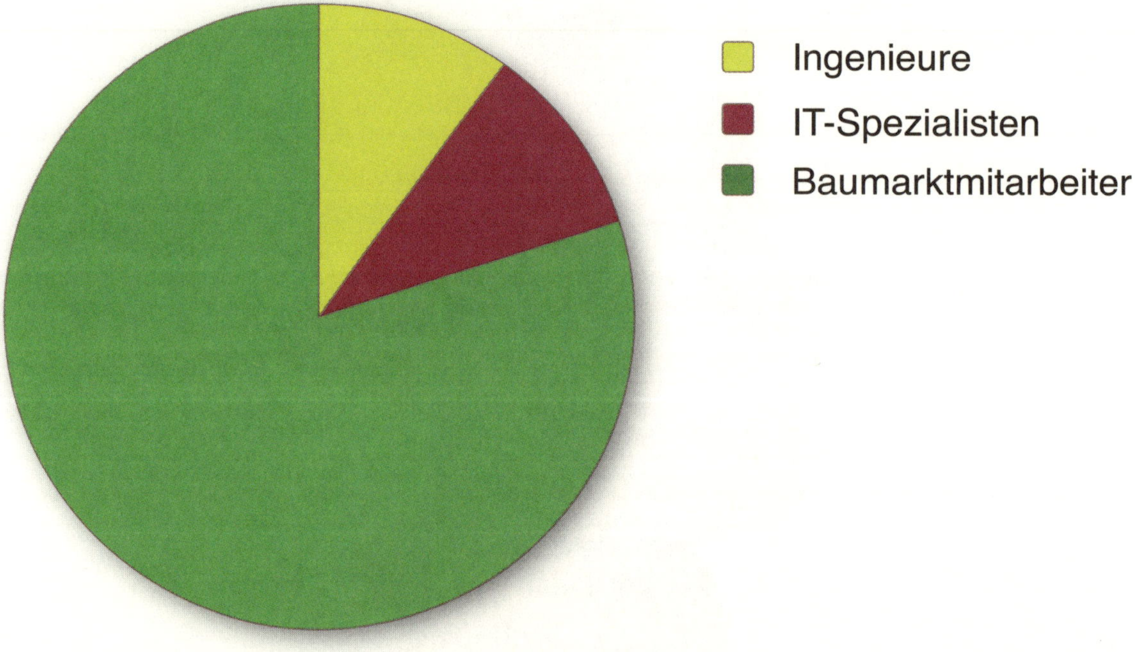

Selten gesagte Sätze über die deutsche Polizei

Den Fahrraddiebstahl haben sie schnell aufgeklärt.

Aber die Uniform ist schick.

Die haben ja auch keinen Bock auf die 1. Mai-Demos.

Die deutsche Polizei kann ja schon auch über sich selbst lachen.

Wenn die Polizei hinter mir fährt, bin ich eigentlich immer sehr entspannt.

Das immerwährende TV-Programm

1	Deutscher Krimi
ZDF	Deutsches Melodram
RTL	Castingshow
SAT.1	US-Film von 2001
7	Sitcom von 2009
VOX	Gewinner letztjähriger Castingshows kochen
arte	Bulgarisches Tanztheater
RTL II	Menschen ohne Schulabschluss machen irgendwas
kabeleins	US-Film von 1991
Dritte Programme	Wiederholungen deutscher Krimis

25 Jahre Deutsche Wiedervereinigung

1990

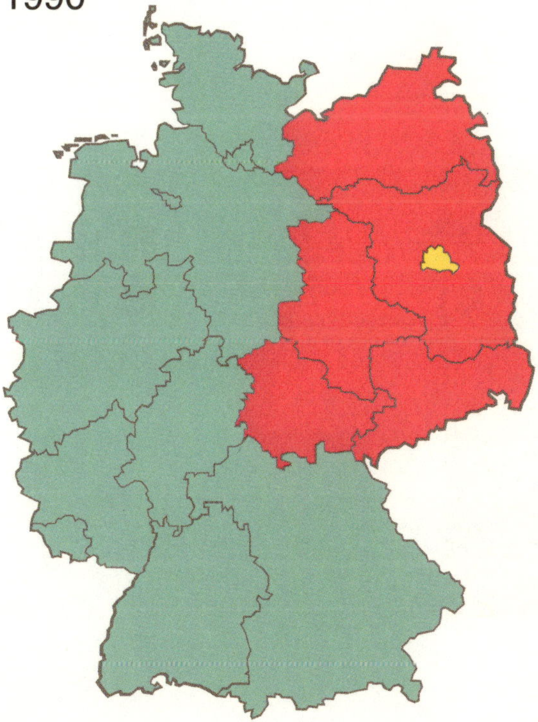

2015

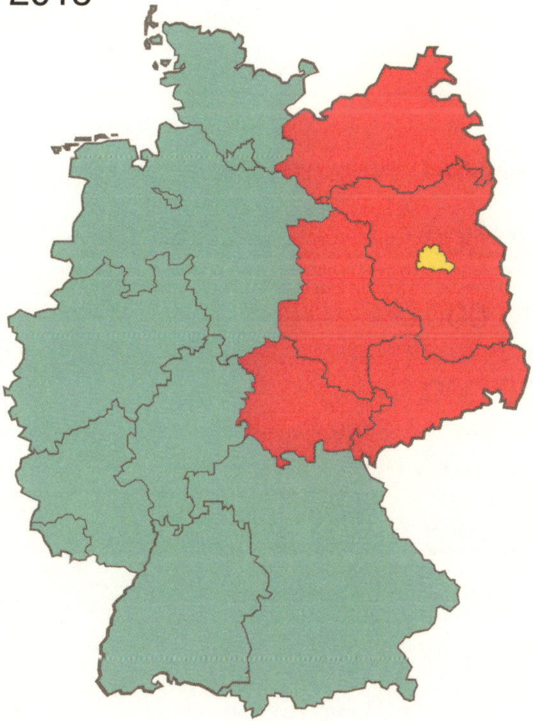

Deutsche Widerstandskämpfer während der NS-Zeit

Deutsche Sprache aus Sicht der Konservativen

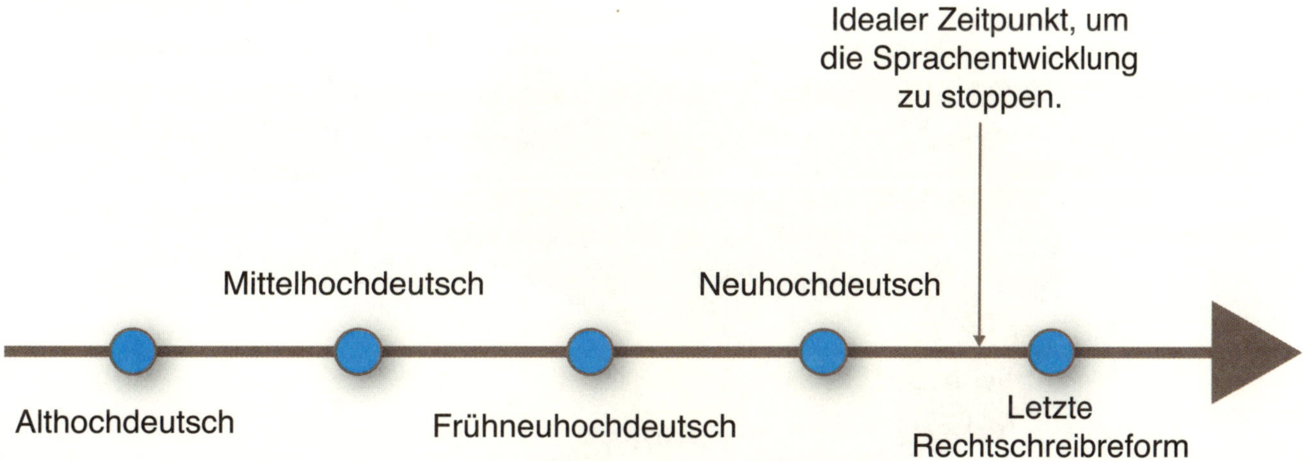

Deutschlands Getränkekarte

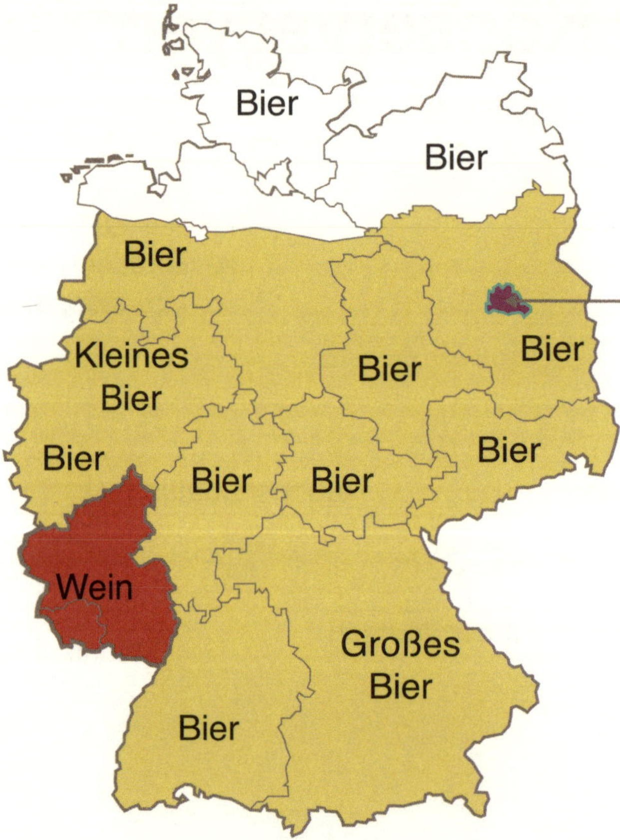

3 cl uigurischer Gin,
1 cl Champagner,
2 cl frisch gepresster
Cranberrysaft,
2,5 Eiswürfel und ein
Bärlauchblatt zum
Garnieren. Das
Ganze serviert in
einem Einmachglas.

Selten gesagte Sätze von Münchnern

Ich habe eine sehr günstige Wohnung gefunden.

Geld ist auch nicht alles.

Ist mir egal, was die Maß dieses Jahr kostet.

Dortmund hat wirklich besser gespielt.

Dann bin ich schnell mit der S-Bahn zum Flughafen gefahren.

Tatort

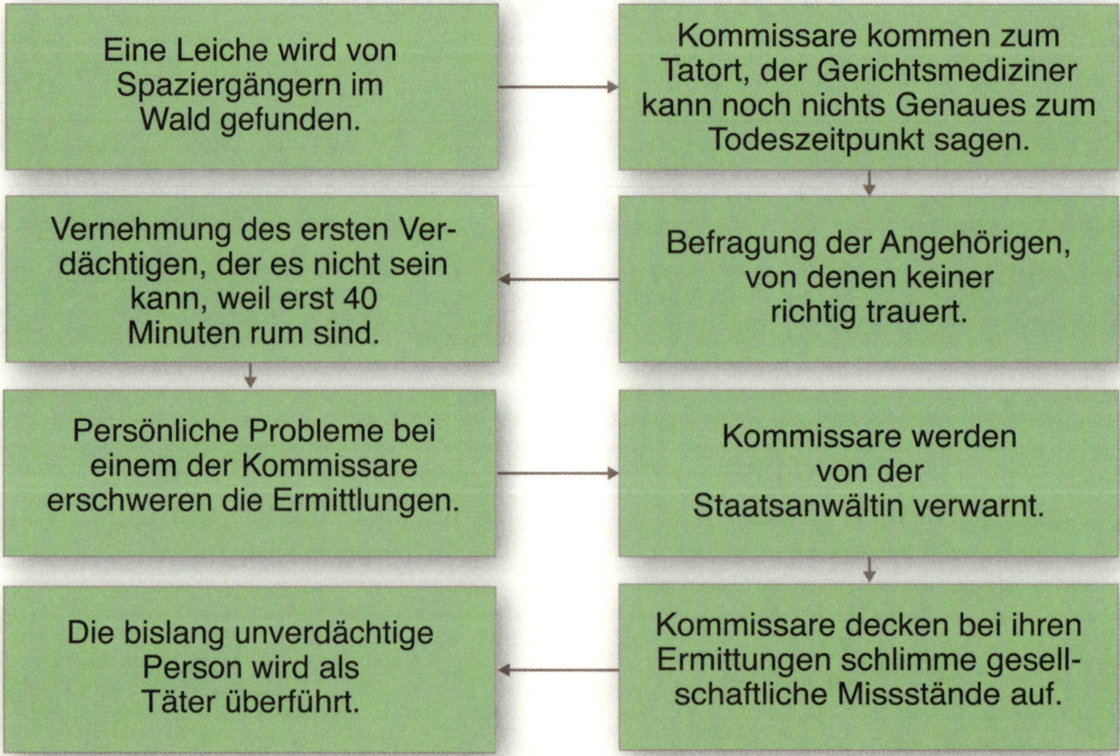
Eine Leiche wird von Spaziergängern im Wald gefunden.
Kommissare kommen zum Tatort, der Gerichtsmediziner kann noch nichts Genaues zum Todeszeitpunkt sagen.
Befragung der Angehörigen, von denen keiner richtig trauert.
Vernehmung des ersten Verdächtigen, der es nicht sein kann, weil erst 40 Minuten rum sind.
Persönliche Probleme bei einem der Kommissare erschweren die Ermittlungen.
Kommissare werden von der Staatsanwältin verwarnt.
Kommissare decken bei ihren Ermittungen schlimme gesellschaftliche Missstände auf.
Die bislang unverdächtige Person wird als Täter überführt.

Werbung in Deutschland
Seitenbacher Müsli
Carglass
Bratmaxe
Rest

Deutsches Steuerrecht kurz erklärt

Mülltrennung

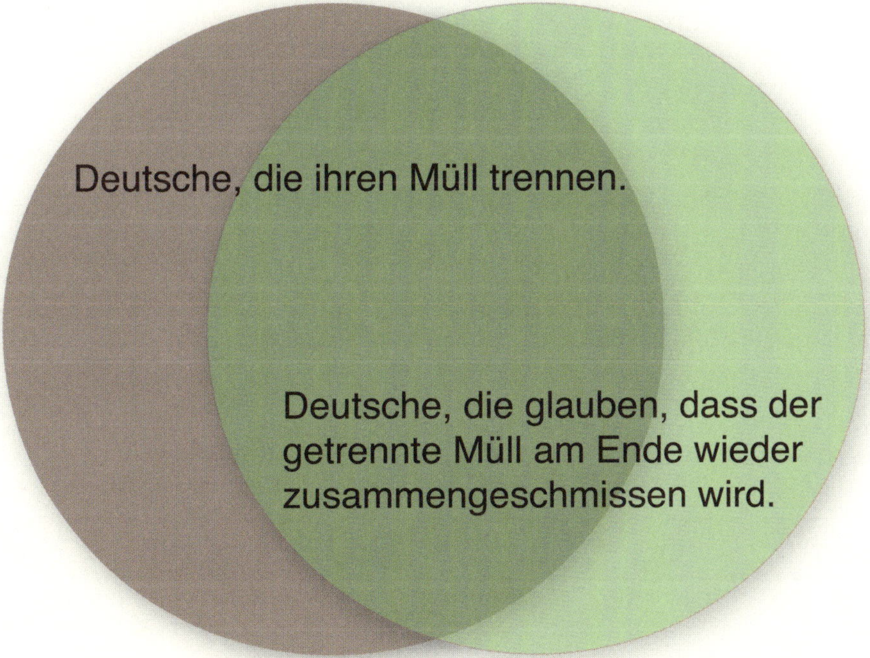

Regeln

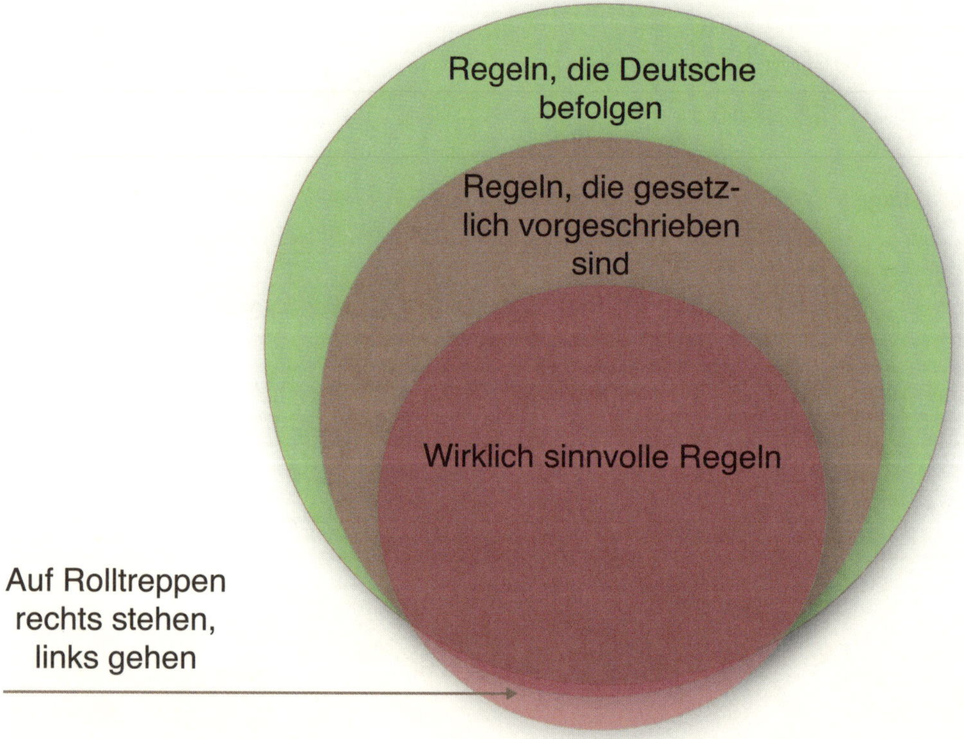
Regeln, die Deutsche befolgen
Regeln, die gesetzlich vorgeschrieben sind
Wirklich sinnvolle Regeln
Auf Rolltreppen rechts stehen, links gehen

Appetit der Deutschen auf Spargel

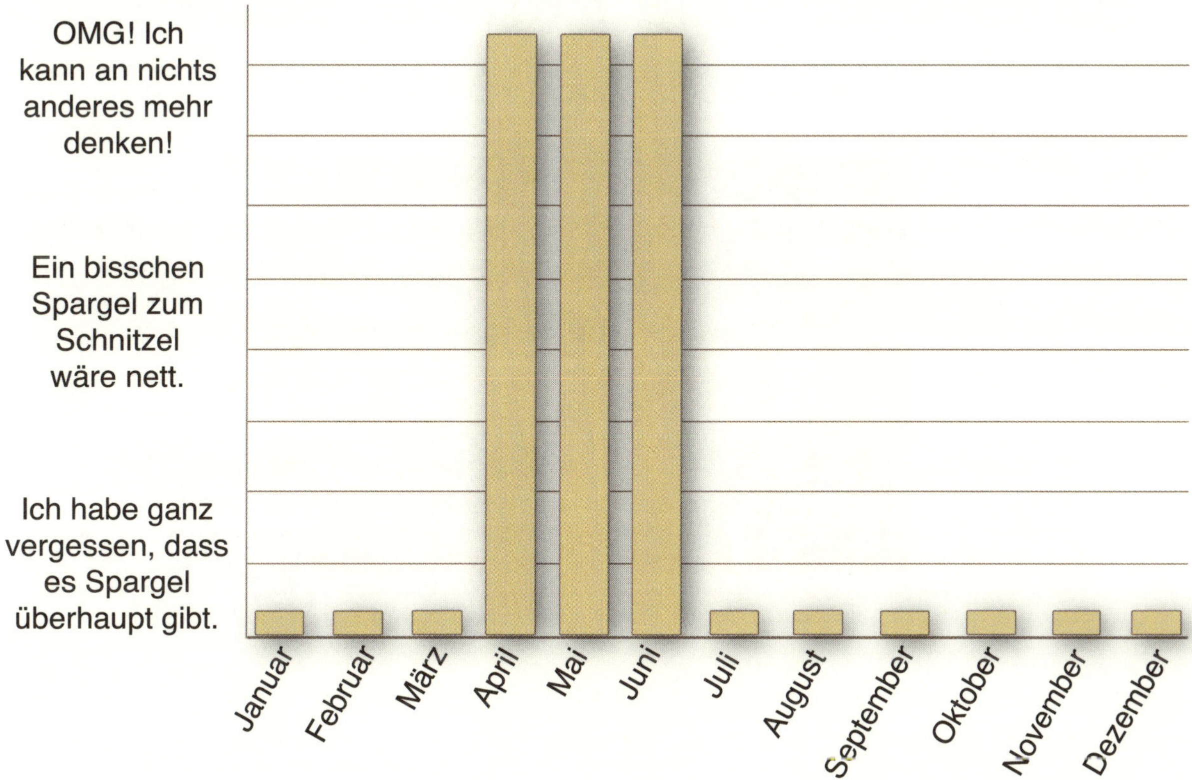

Selten gesagte Sätze über deutsche Fernsehserien

Ist das spannend!

Ich wünsche mir die vierte Staffel von „Hallo Robbie!" zu Weihnachten!

„Emergency Room" war nur ein billiger Abklatsch der „Schwarzwaldklinik".

„GZSZ" lebt von der Qualität der Schauspieler.

Ich fasse noch mal kurz zusammen, was bislang in der „Lindenstraße" passiert ist.

Bekanntheitsgrad deutschen Liedguts

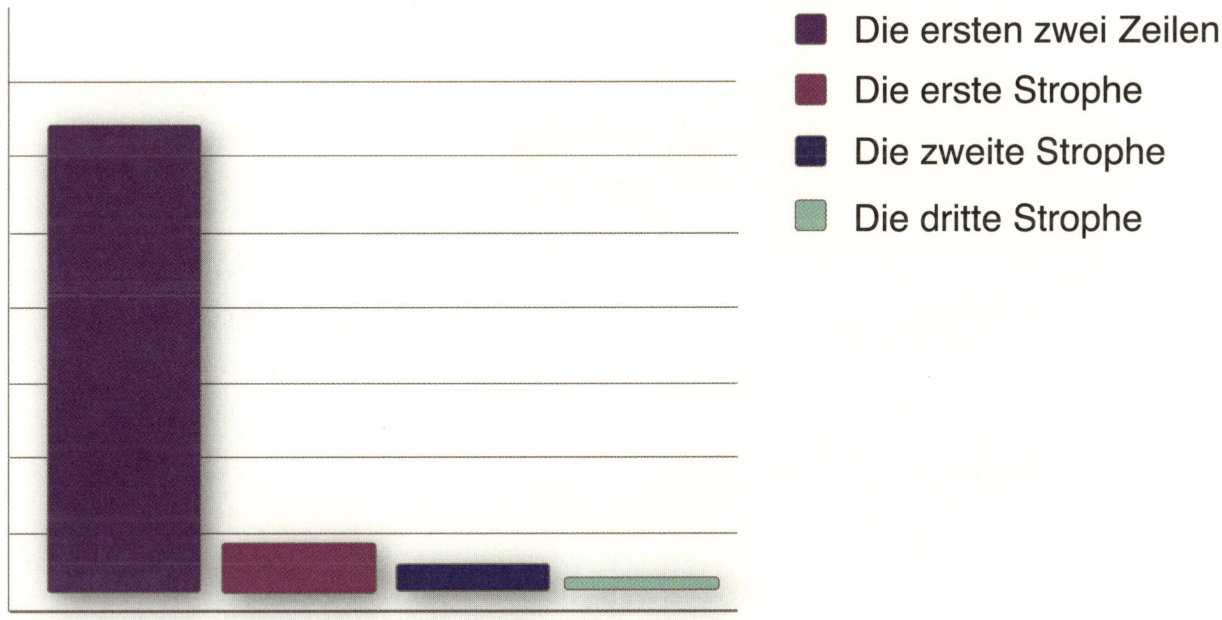

Deutschlands Landschaftsformen

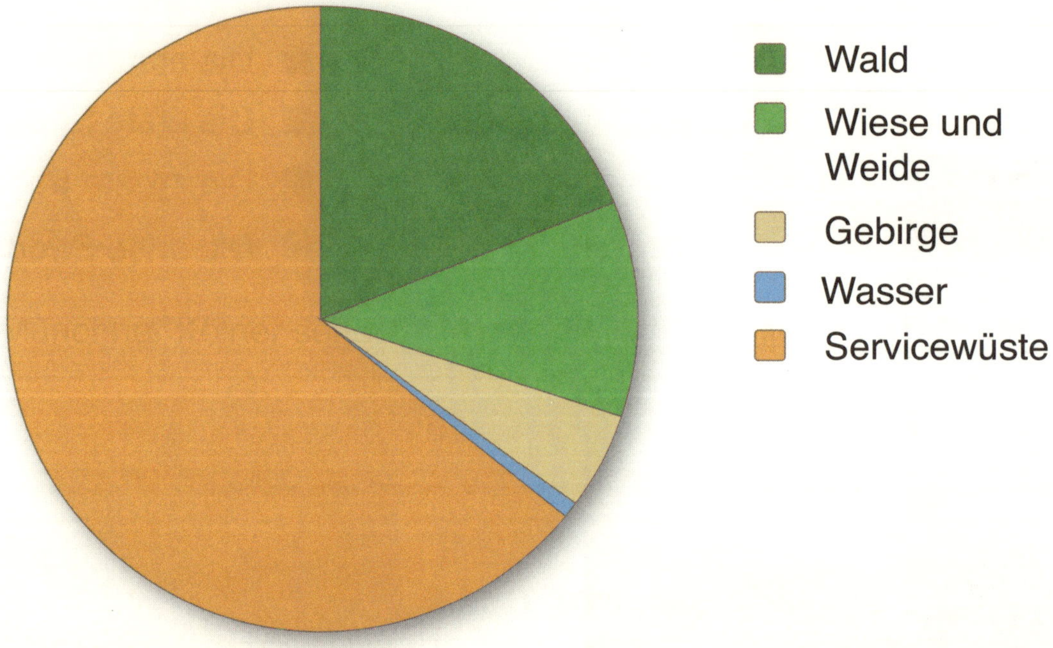

Bundeswehr oder Ballermanntouristen?

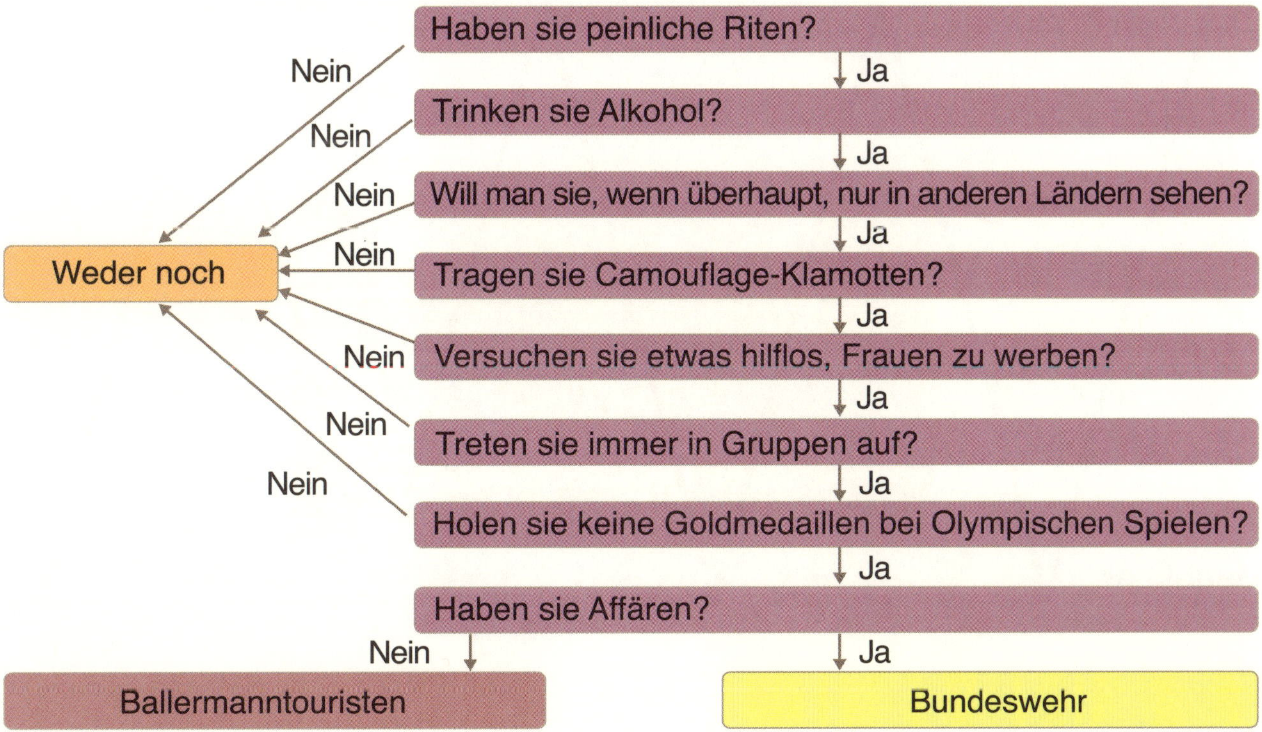

Deutsche Wirtschaft

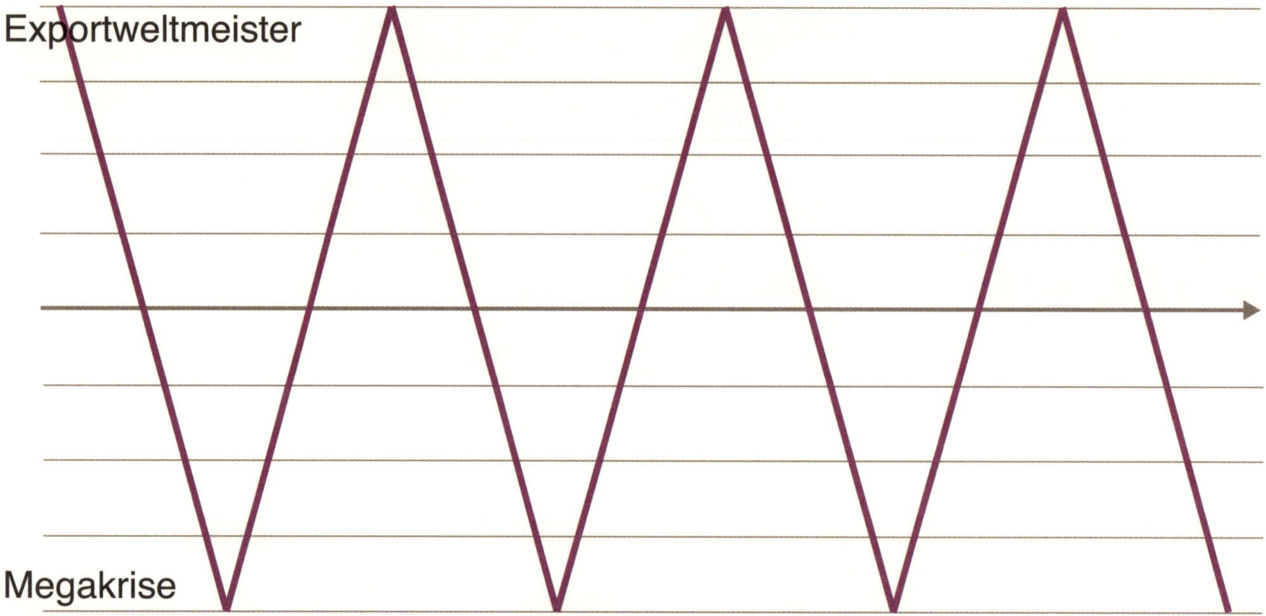

Beurteilung der DDR

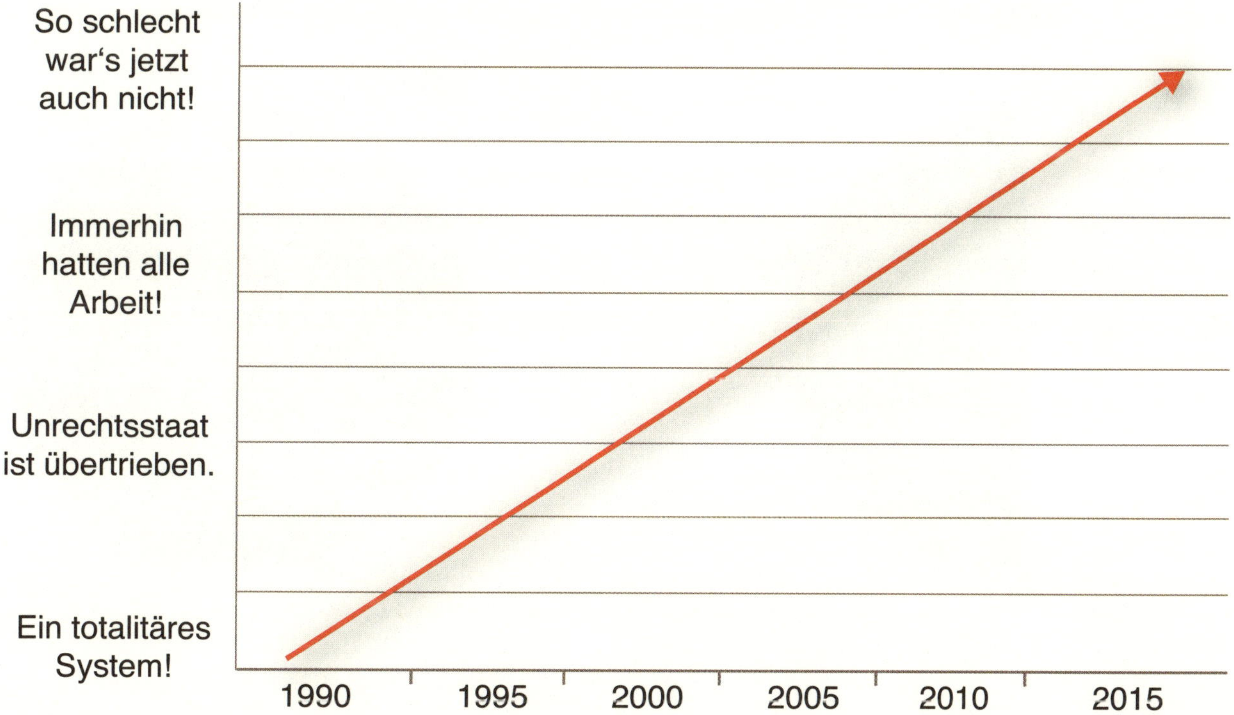

Wofür Bremen bekannt ist

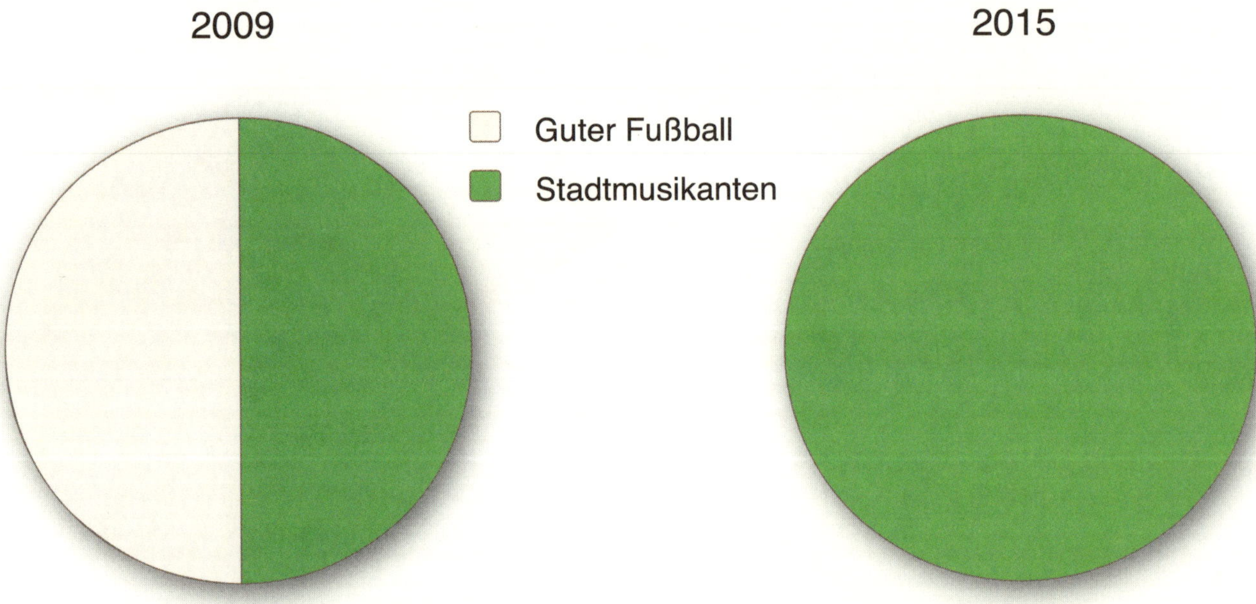

Die Jahreszeiten der Deutschen Bahn

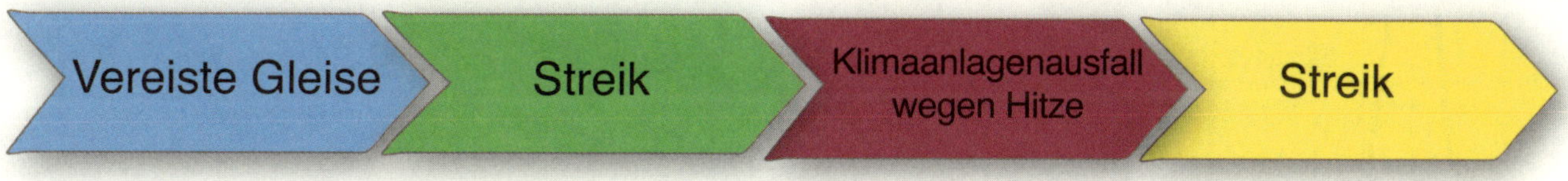

Arbeitszeiten in Deutschland

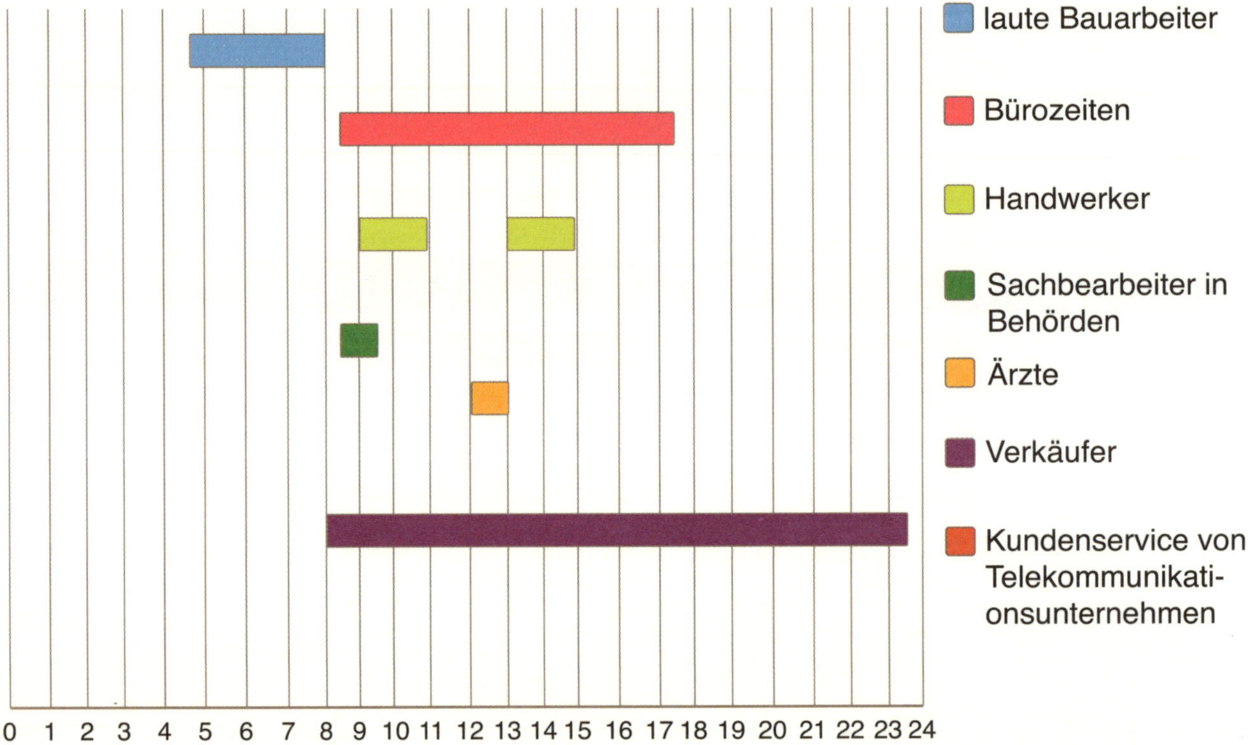

Selten gesagte Sätze von Hamburgern

Huch, vielleicht habe ich ein bisschen zu viel Haargel verwendet.

Ich kenne niemanden, der in einer Werbeagentur arbeitet.

So teuer ist die Elbphilharmonie nun auch wieder nicht.

Wow, da ist ein Schiff!

Naja, Berlin ist schon deutlich cooler.

Hamburg

Wie Münchner Hamburger sehen

Wie Frankfurter Hamburger sehen

Wie Berliner Hamburger sehen

Wie Kölner Hamburger sehen

Wie Hamburger sich selbst sehen

Frankfurt

Wie Berliner Frankfurter sehen

Wie Hamburger Frankfurter sehen

Wie Münchner Frankfurter sehen

Wie Kölner Frankfurter sehen

Wie Frankfurter sich selbst sehen

München

Wie Berliner Münchner sehen

Wie Hamburger Münchner sehen

Wie Frankfurter Münchner sehen

Wie Kölner Münchner sehen

Wie Münchner sich selbst sehen

Berlin

Wie Münchner Berliner sehen

Wie Hamburger Berliner sehen

Wie Kölner Berliner sehen

Wie Frankfurter Berliner sehen

Wie Berliner sich selbst sehen

Köln

Wie Berliner Kölner sehen

Wie Hamburger Kölner sehen

Wie Münchner Kölner sehen

Wie Frankfurter Kölner sehen

Wie Kölner sich selbst sehen

Baden-Württemberger Ballungszentren

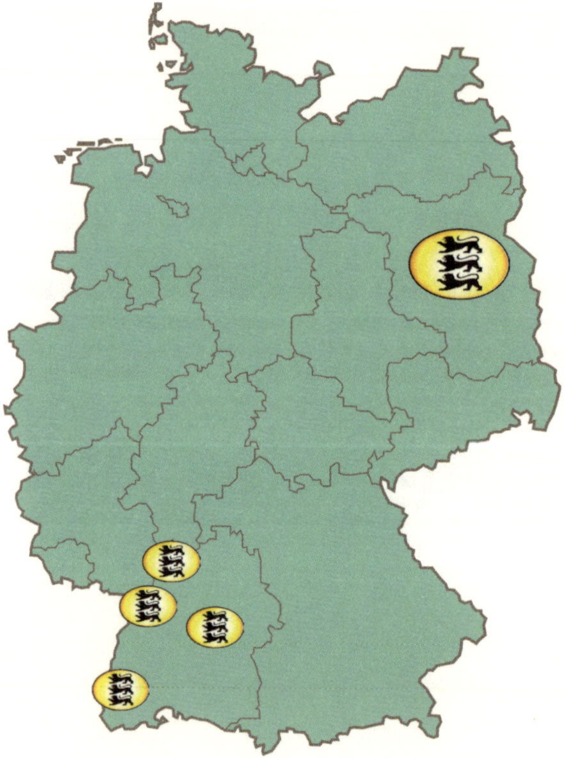

Deutsche Philosophen

Sepp Herberger	▪ Der Ball ist rund und das Spiel dauert 90 Minuten.
Immanuel Kant	▪ Der Ball ist rund, und wir sollten in den 90 Minuten so spielen, wie alle immer spielen sollten.
Georg Wilhelm Friedrich Hegel	▪ Das Spiel dauert 90 Minuten, aber das ist jetzt eh nur die Vorrunde vor dem WM-Finale.
Karl Marx	▪ Der Ball ist rund, weil die Bourgeoisie Arbeiter ausbeutet und für ein Existenzminimum runde Bälle nähen lässt.
Arthur Schopenhauer	▪ Der Ball ist rund, und wir werden das Spiel verlieren.
Friedrich Nietzsche	▪ Der Ball ist rund, das Spiel dauert 90 Minuten und der Fußballgott ist tot.

Was man denkt, wenn man Bilder vom Mauerfall sieht

Integrationsdebatten in Deutschland

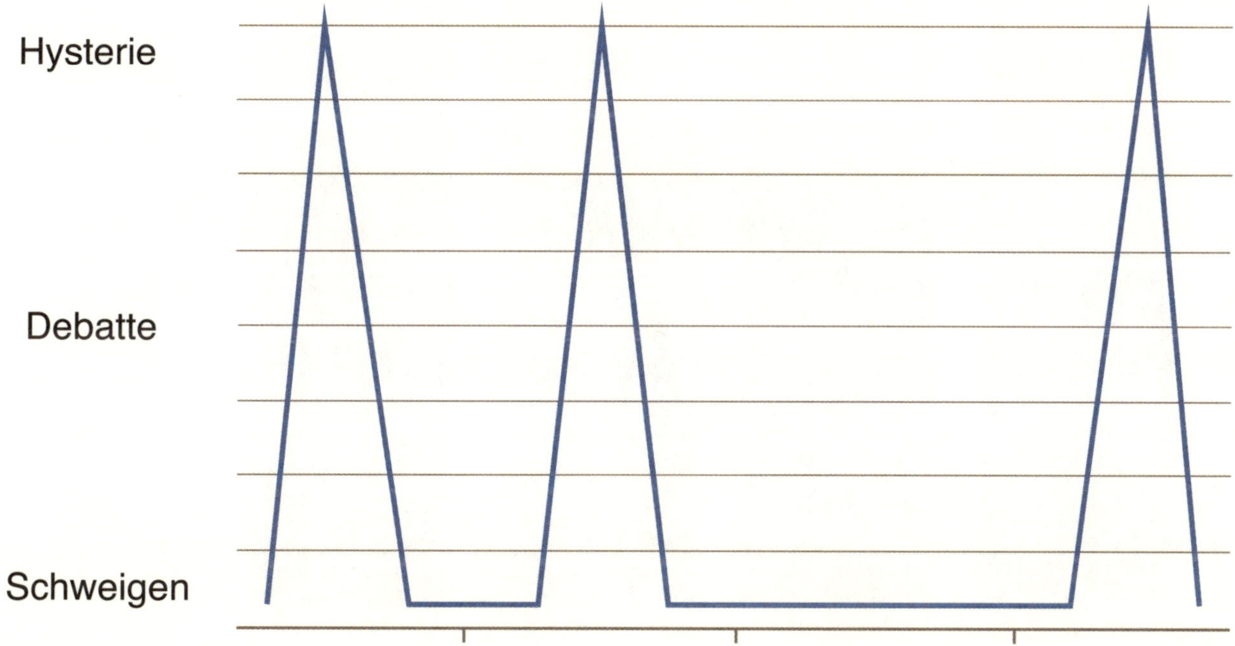

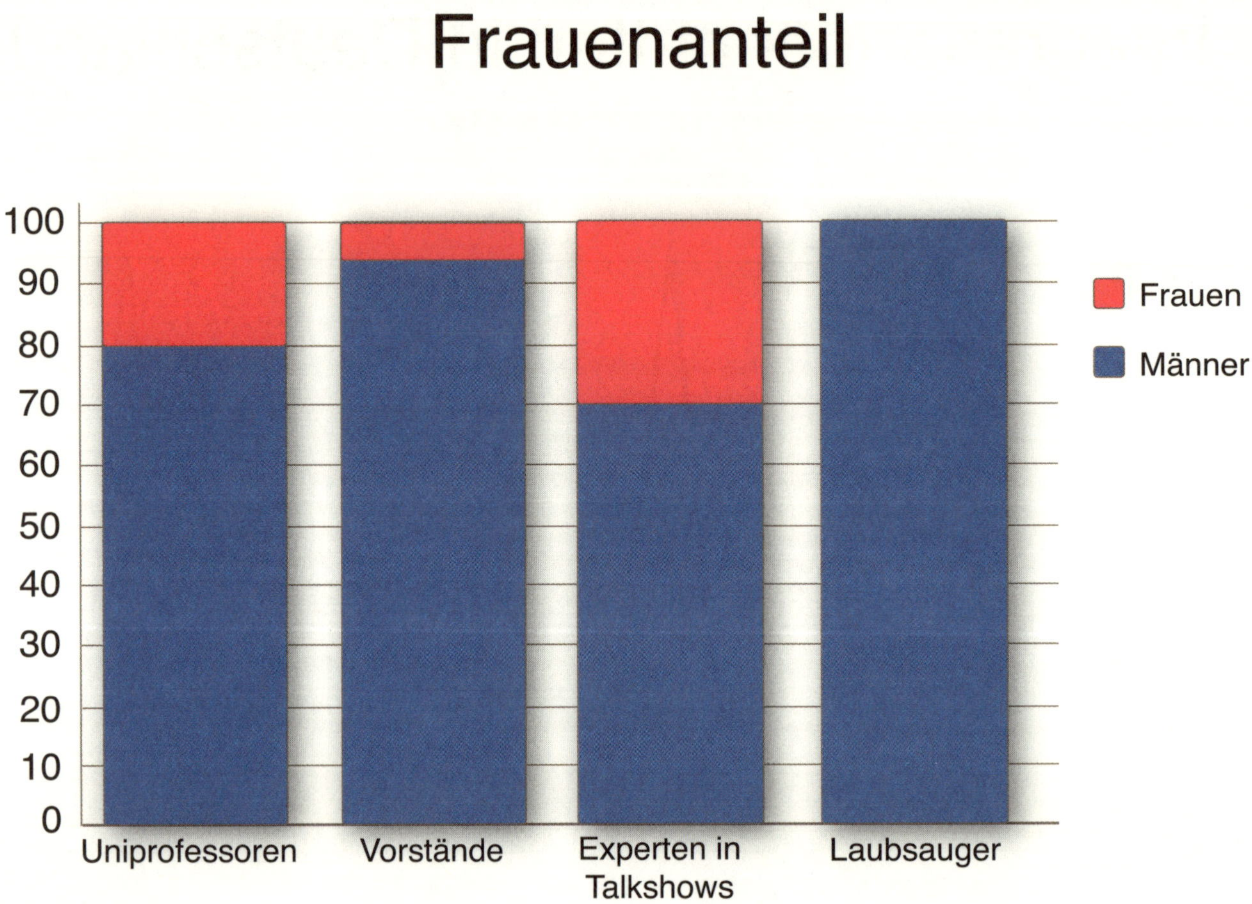
Frauenanteil
100
90
80
70
60
50
40
30
20
10
0
Frauen
Männer
Uniprofessoren
Vorstände
Experten in Talkshows
Laubsauger

Wichtige Daten im Leben der Deutschen

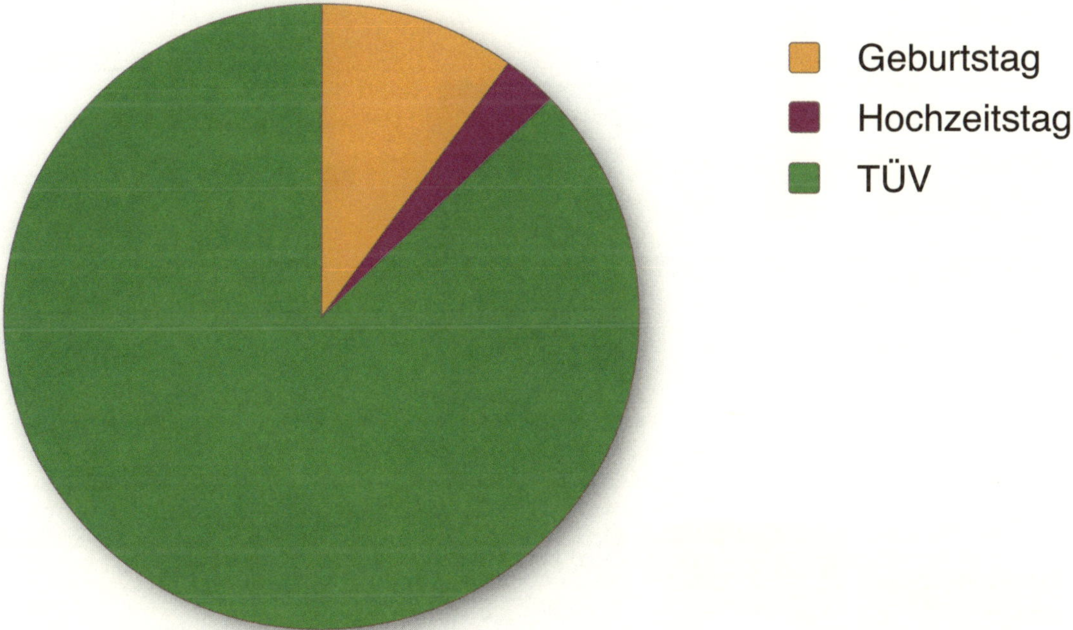

Schwierigkeitsgrad

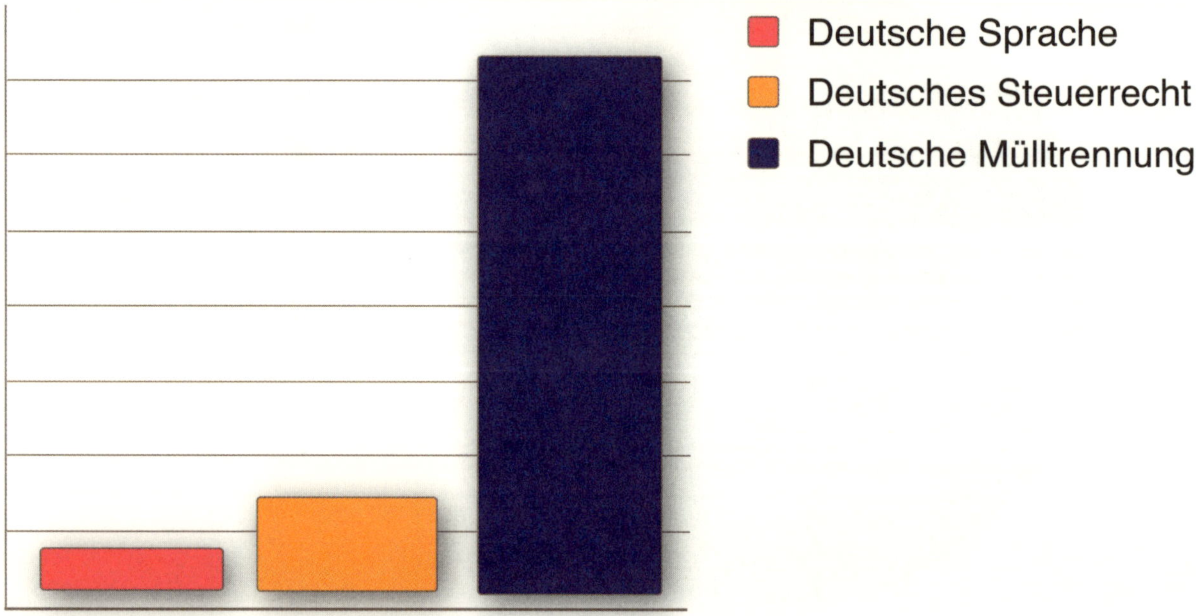

Grundzüge deutscher Gesetzgebung

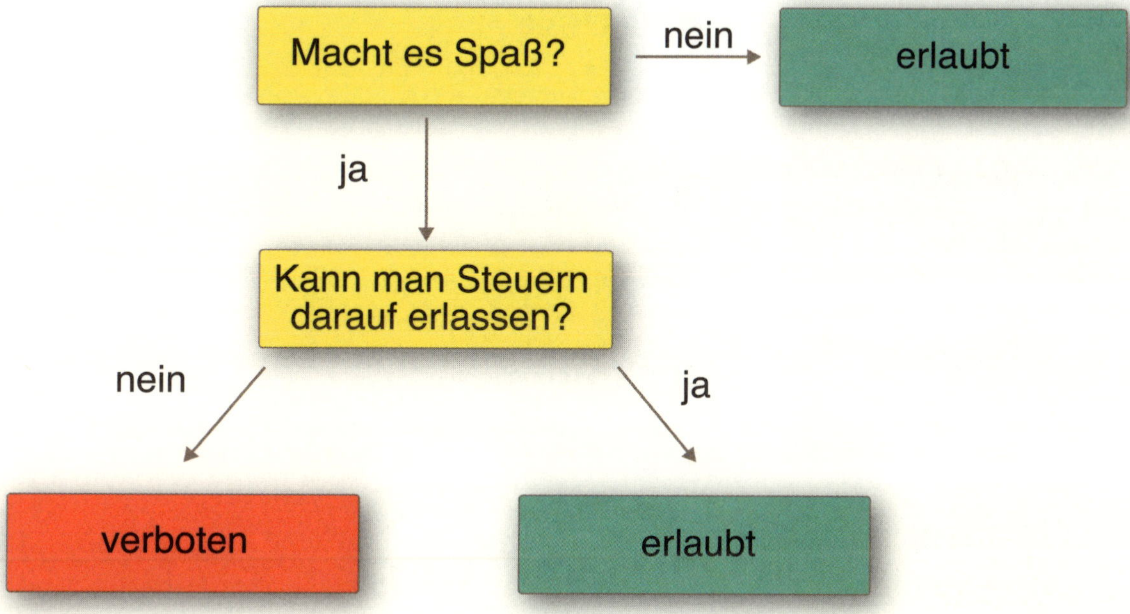

Deutsche Schulen

Hamburger Schule	■ Musik
Frankfurter Schule	■ Sozialphilosophie
Leipziger Schule	■ Malerei
Berliner Schule	■ Polizeieinsatz

Tätigkeiten deutscher Nachrichtendienste

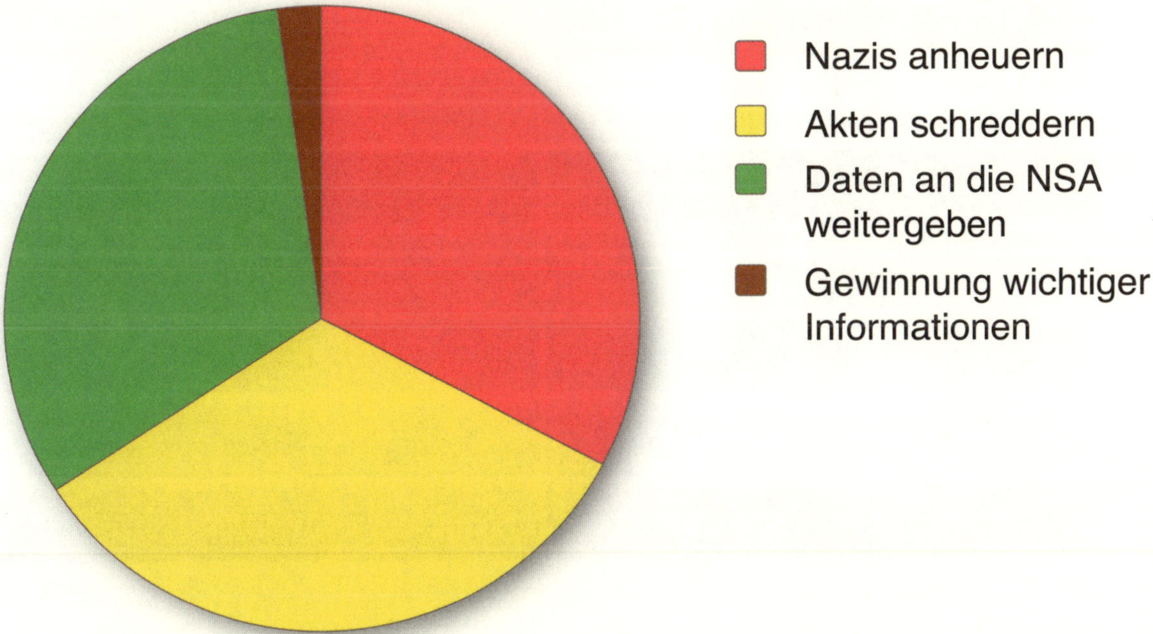

Umrechnungstabelle Euro – DM

Euro	DM
5	7
10	12
50	50
100	51
200	52
1000	100

Woran man erkennt, welchen deutschen Klassiker man liest

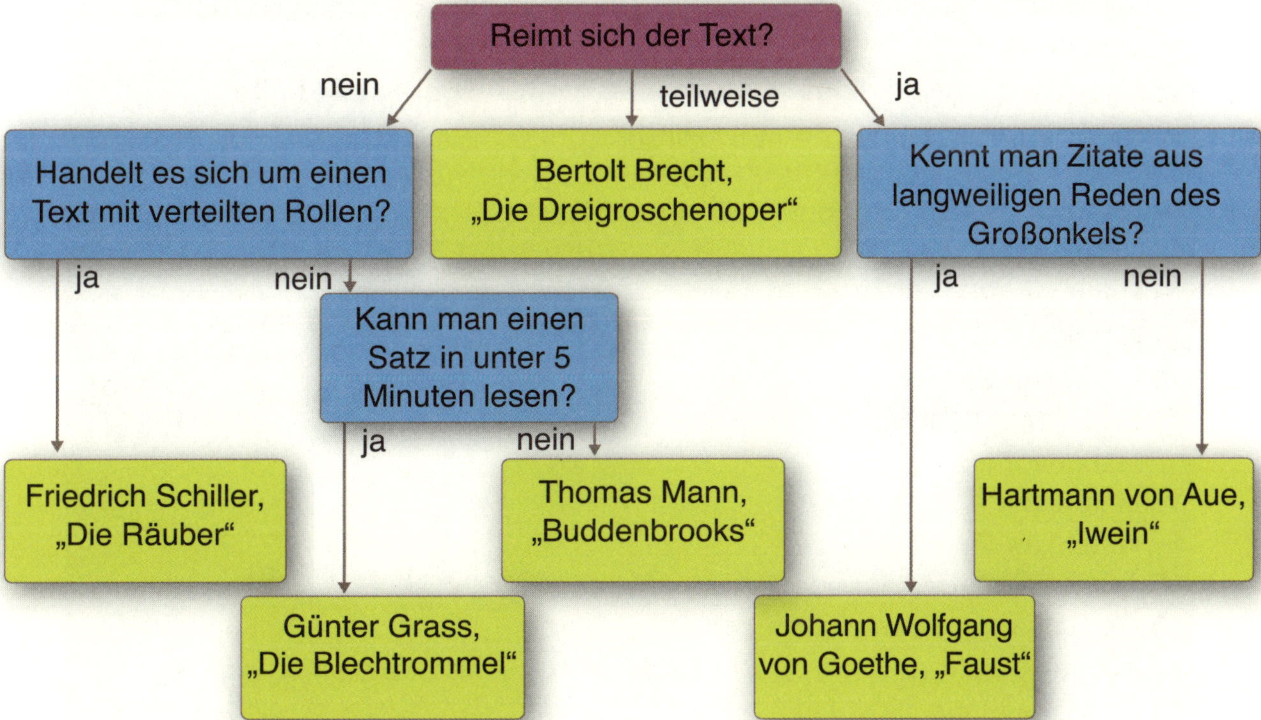

Bundesligatabelle

1	Millionärsclub, der alle guten Spieler anderer Vereine weggekauft hat
2	Leverkusen
3	Überraschungskandidat, mit dem man gar nicht gerechnet hätte
4	Mittelklasseverein mit neuem Trainer
5	Unerwartet erfolgreicher Aufsteiger
6	Champions-League-Verein mit neuem Trainer
7	Hannover 96
8	Hannover 96
9	Hannover 96
10	Hannover 96
11	Enttäuschender Meisterkandidat
12	Hannover 96
13	Hannover 96
14	Hannover 96
15	Traditionsverein, der seit Jahren abstiegsbedroht ist
16	Der Vorjahresvizemeister
17	Aufsteiger, der nach der Saison auch gleich wieder absteigen wird
18	Lieblingsverein

Deutsche Dialekte

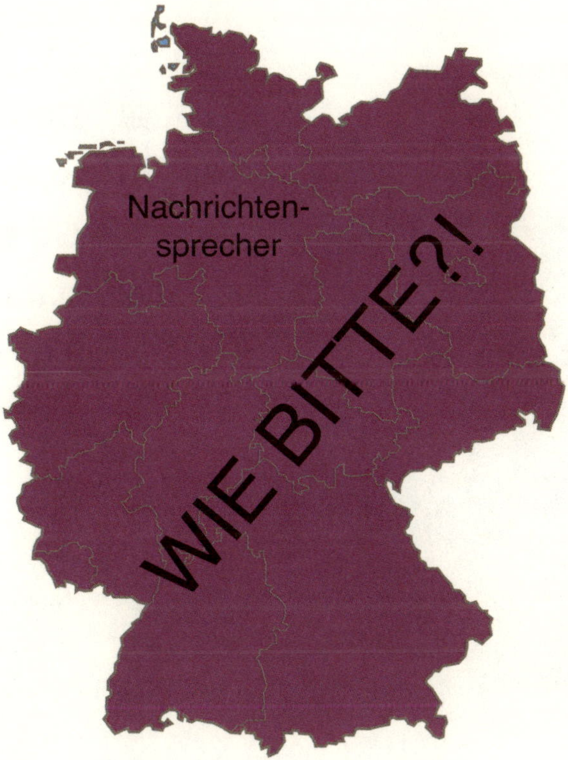

Wem wir den Mauerfall zu verdanken haben

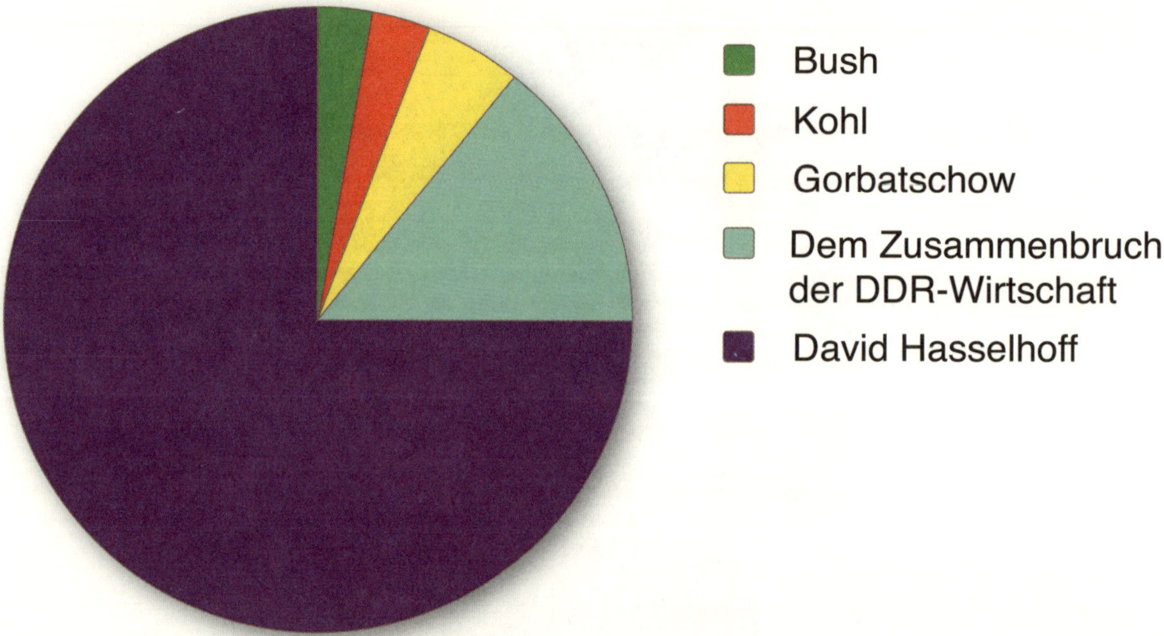

Positionen deutscher Parteien

CDU/CSU	▪ Dafür, weil man immer schon dafür war.
SPD	▪ Dafür. Aber nur, wenn man im Gegenzug mitregieren darf.
Bündnis 90/Die Grünen	▪ Zu 93% dagegen. Die Fundis sogar zu 143%.
Die Linke	▪ DAGEGEN!!!
FDP	▪ Dafür – und zwar alle drei.

Deutsche Romantik

1815

- Johann Gottlieb Fichte
- Novalis
- Achim von Arnim
- Clemens Brentano

2015

- Helene Fischer

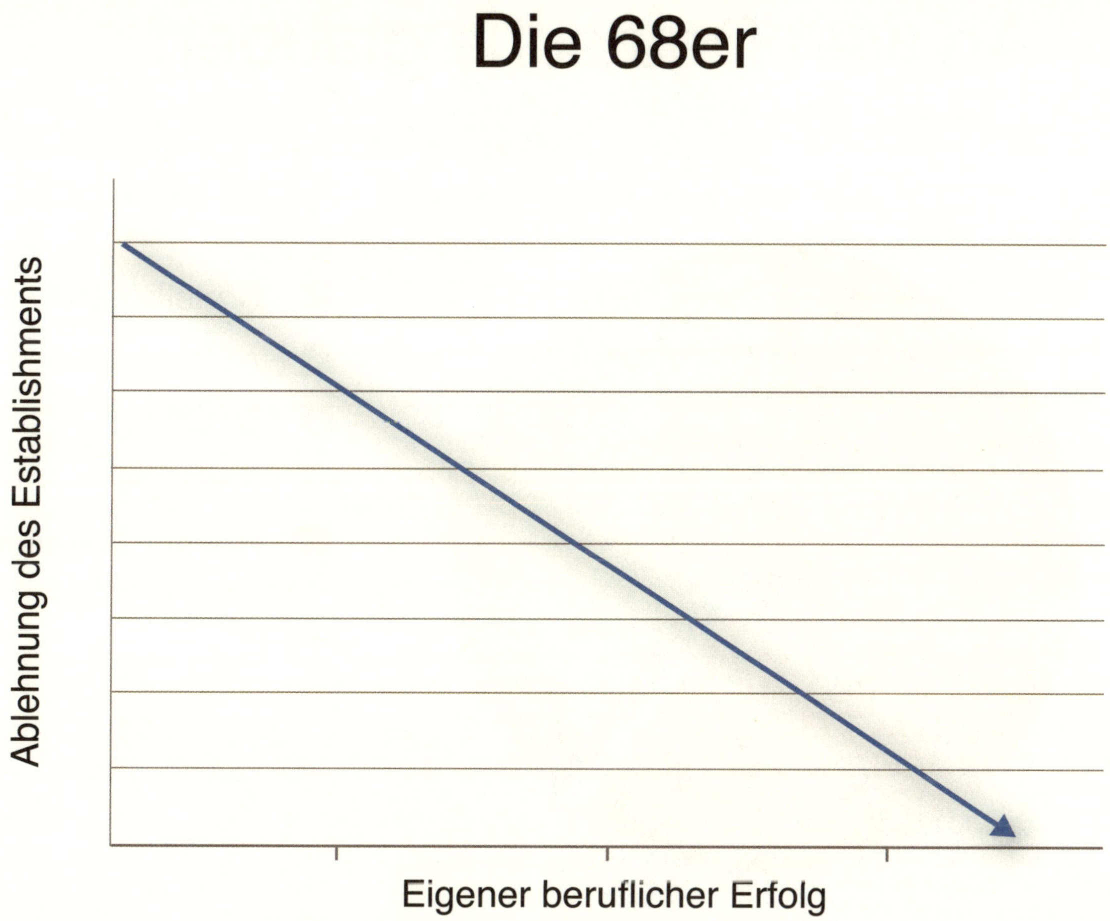

Die 68er
Ablehnung des Establishments
Eigener beruflicher Erfolg

An wen Deutsche glauben

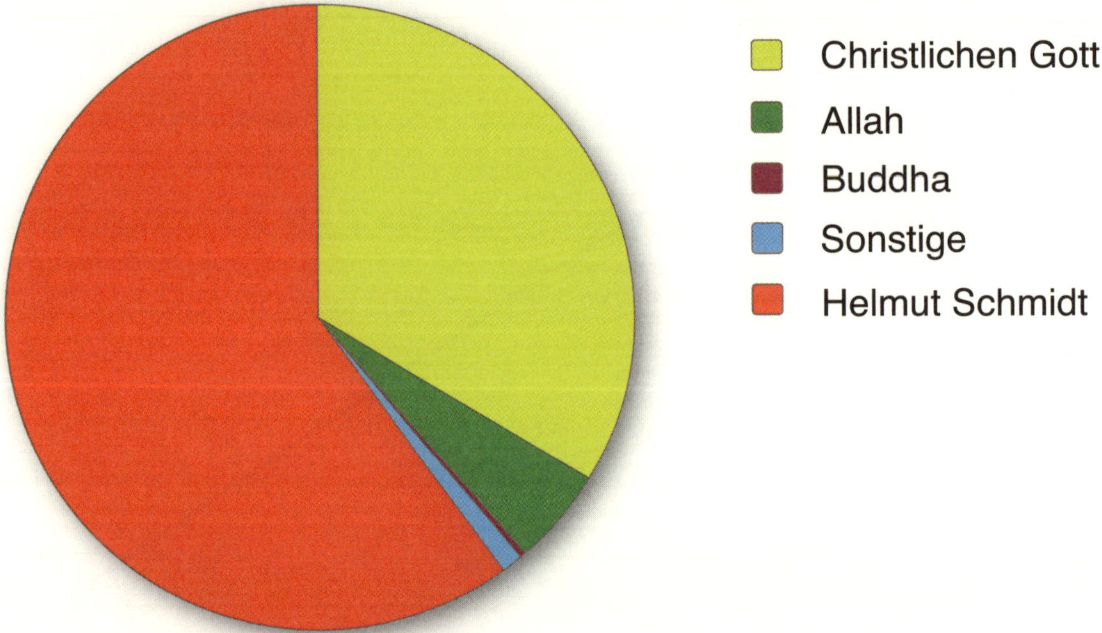

Im Urlaub

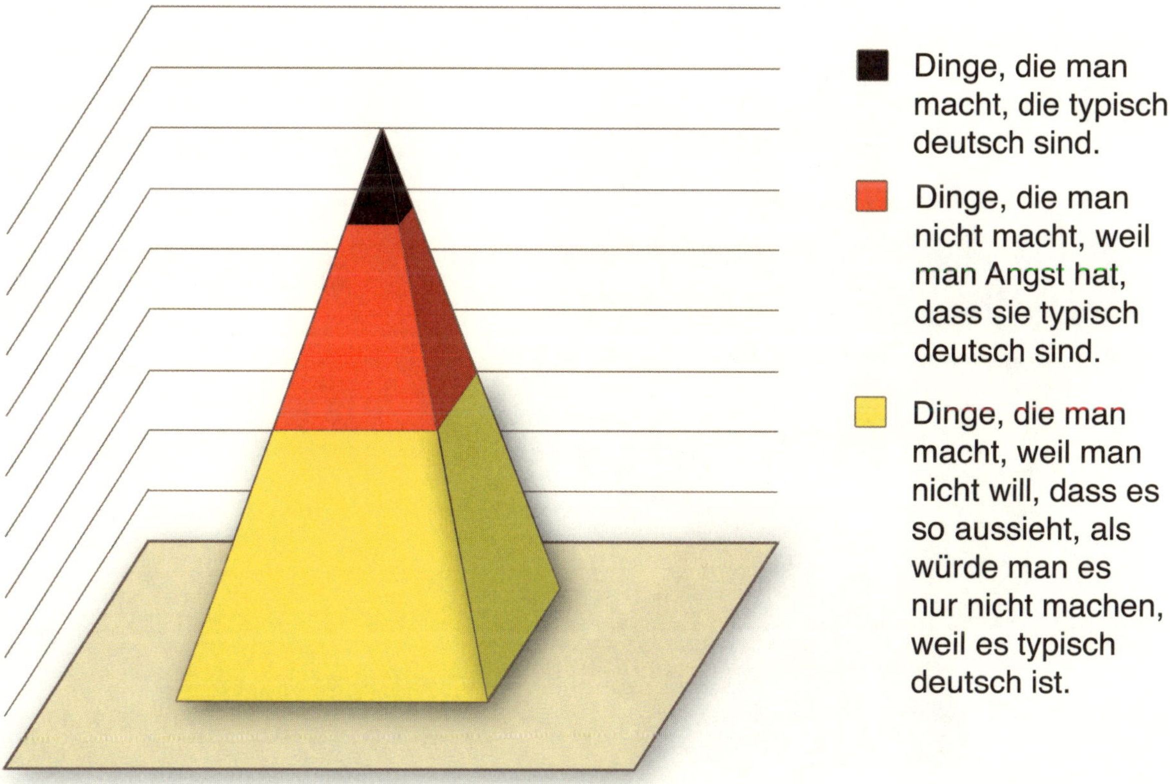

Dinge, die man macht, die typisch deutsch sind.
Dinge, die man nicht macht, weil man Angst hat, dass sie typisch deutsch sind.
Dinge, die man macht, weil man nicht will, dass es so aussieht, als würde man es nur nicht machen, weil es typisch deutsch ist.

Die drei Klimazonen Deutschlands

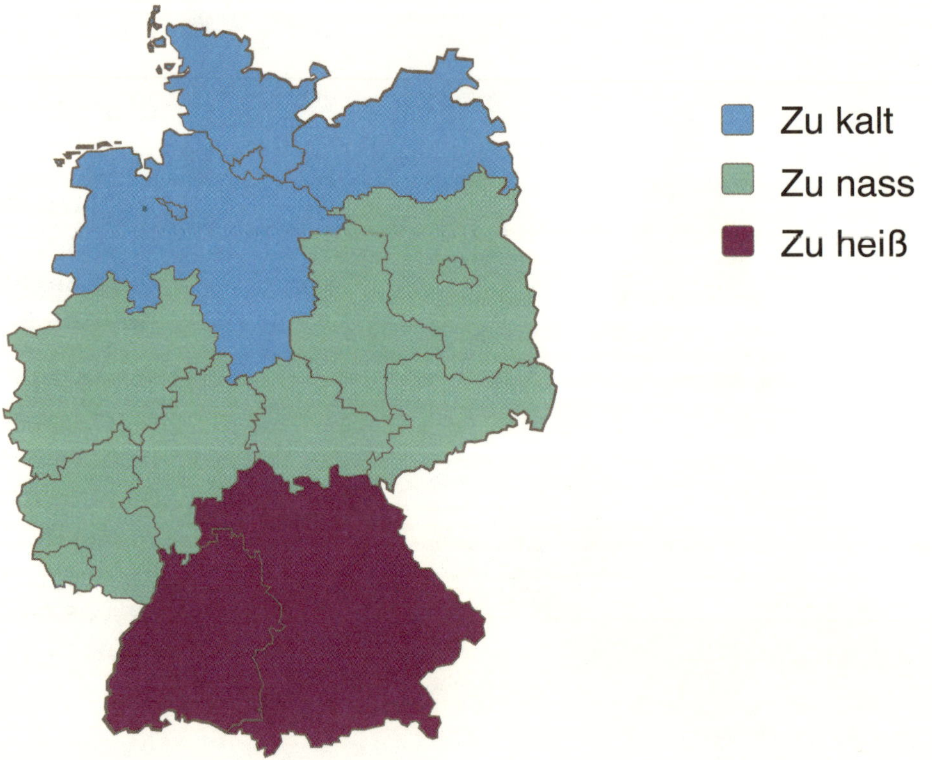

Selten gesagte Sätze von Deutschen im Urlaub

Ich vermisse nicht mal deutsches Brot!

Tippitoppi!
Nix zu meckern.

Man kann über unsere europäischen Nachbarn sagen, was man will, aber sie sind einfach besser organisiert.

Toll, so viele Deutsche hier!

Toll, so viele Engländer hier!

Deutsche Behörden

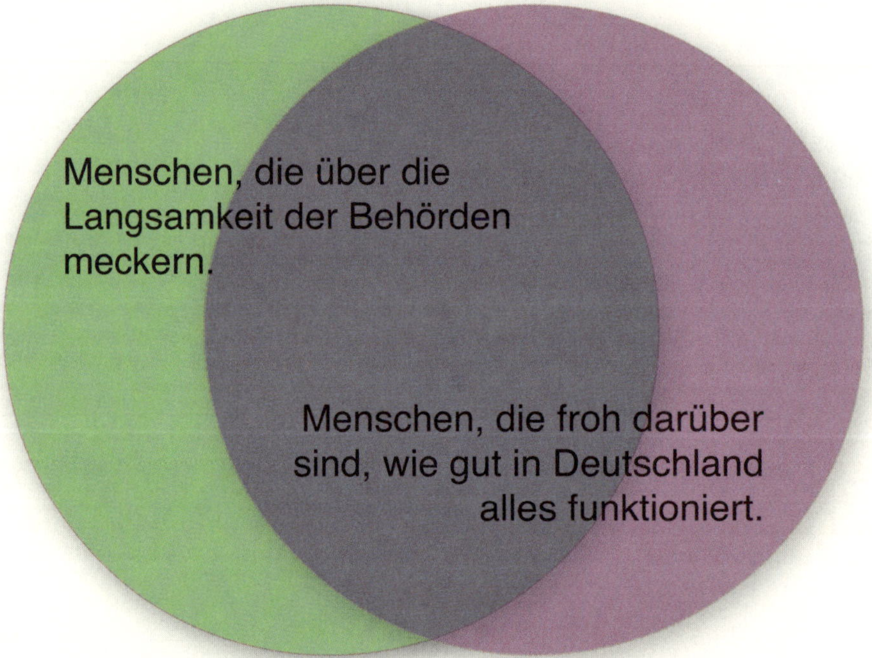

Deutscher Film: Romantische Komödie

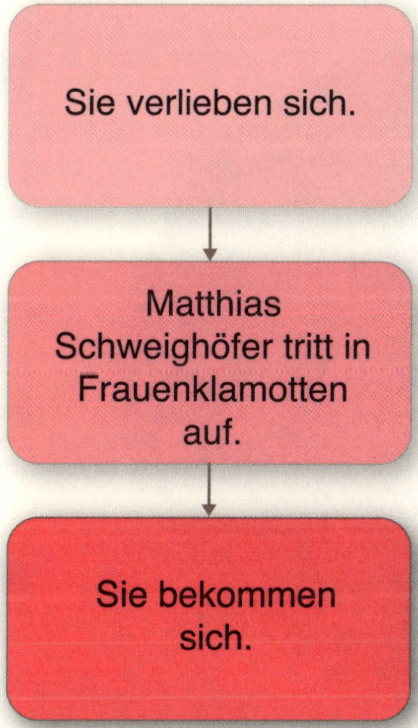

Deutschlands Antworten auf den digitalen Wandel

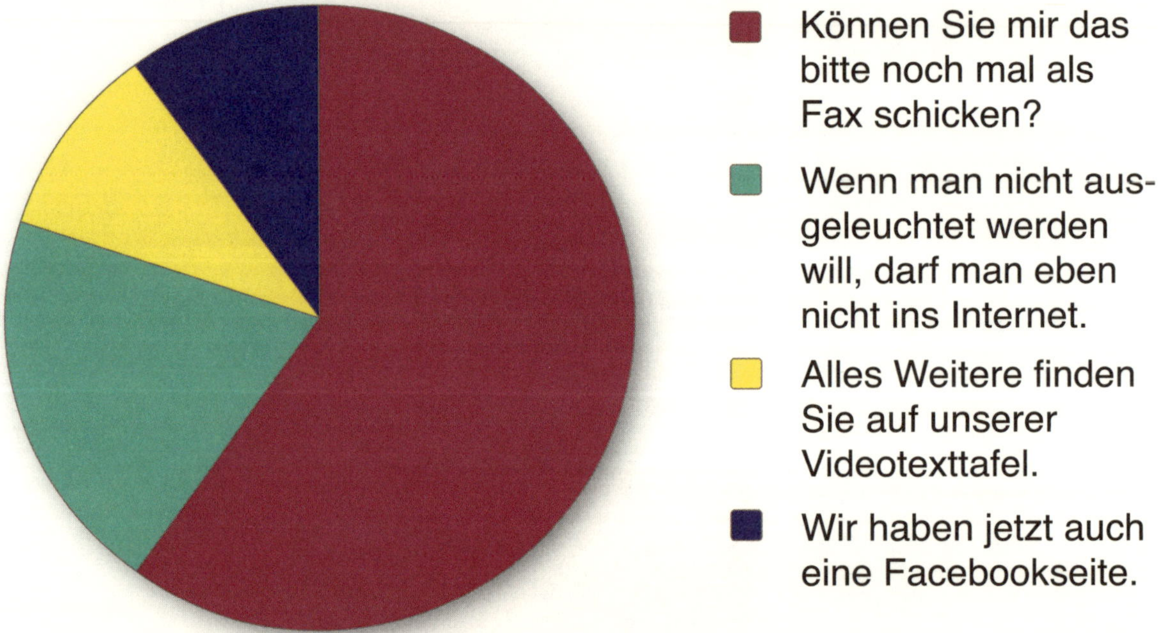

Gründe für die Politisierung der Jugend

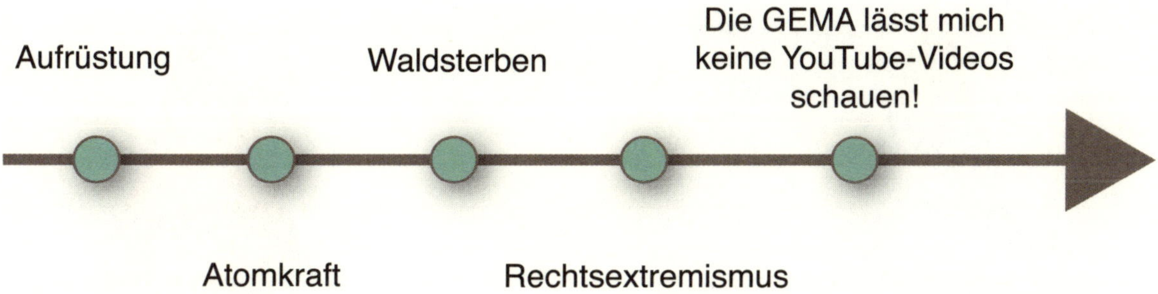

Deutschlands Alterspyramide

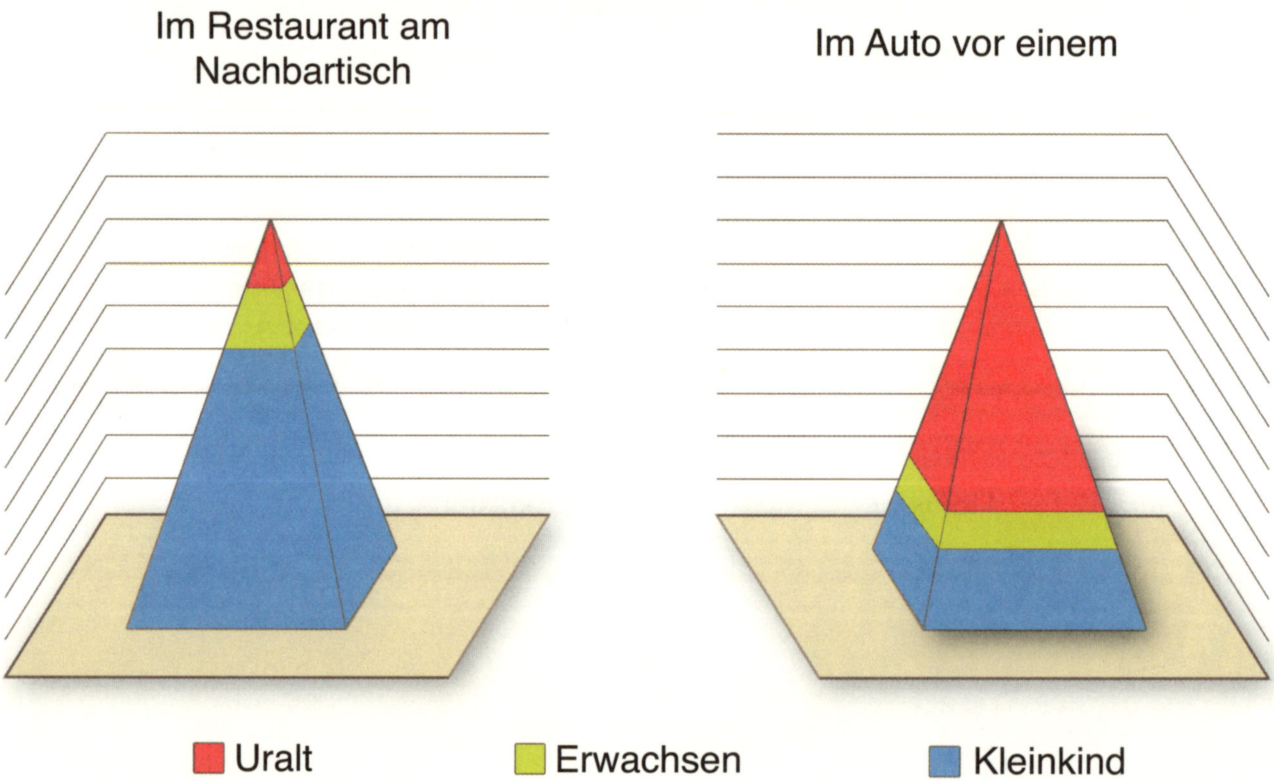

Wo Deutsche ihren Urlaub verbringen

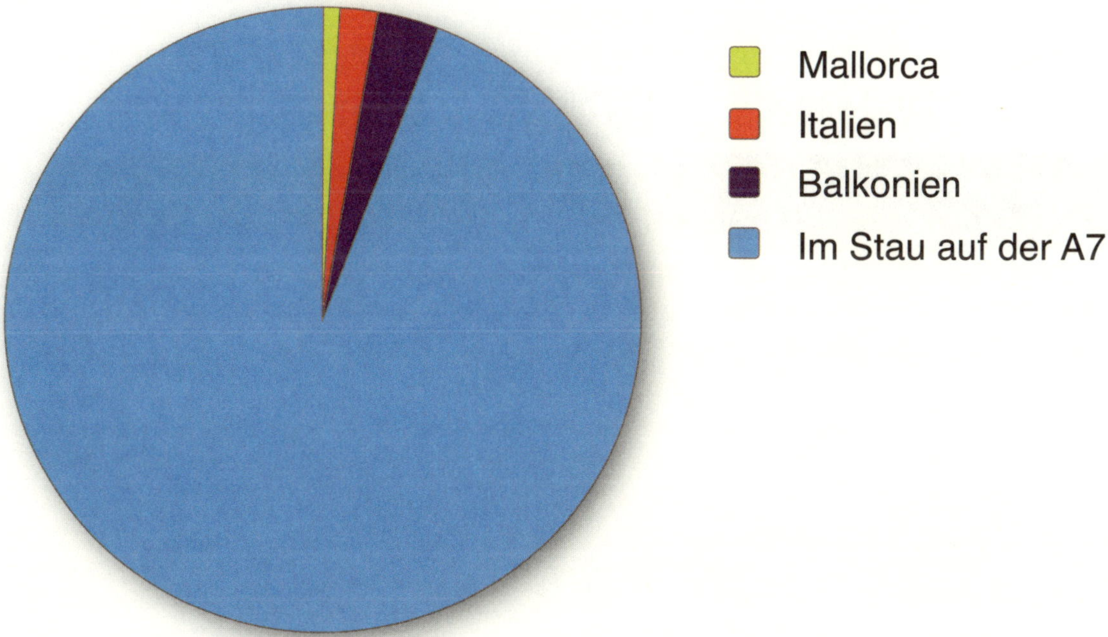

Deutschlands Jahreszeiten

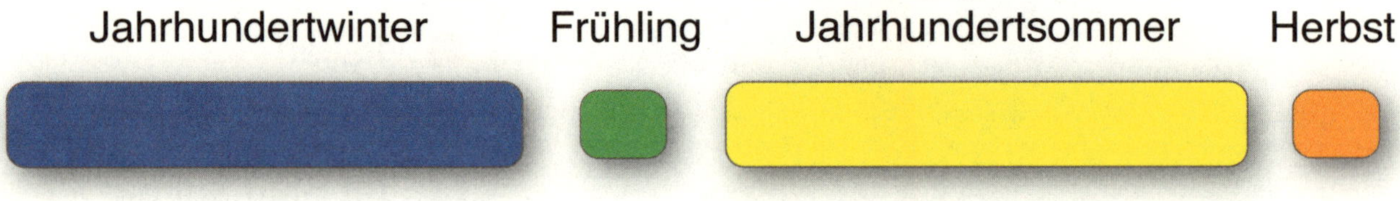

SPIEGEL ONLINE

Nationales Hauptthema

Live-Ticker zum nationalen Hauptthema	Reaktionen auf Twitter zum nationalen Hauptthema

Internationales Hauptthema

Sportthema

Spektakuläres Verbrechen

Niedliches Pandavideo

Live-Ticker zum niedlichen Pandavideo

Reaktionen auf Twitter zum niedlichen Pandavideo

Prominente Stimmen zum niedlichen Pandavideo

Klickstrecke „Die niedlichsten Pandavideos der Geschichte“

Deutsche Innenstädte

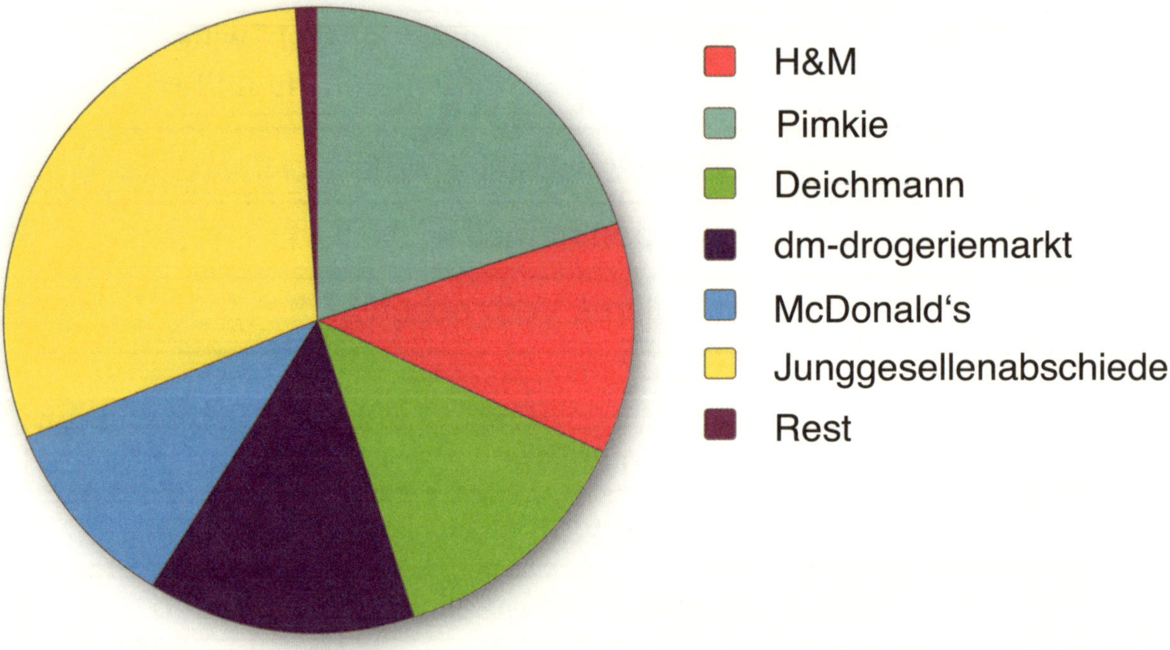

Sympathiewerte Nordrhein-Westfalens

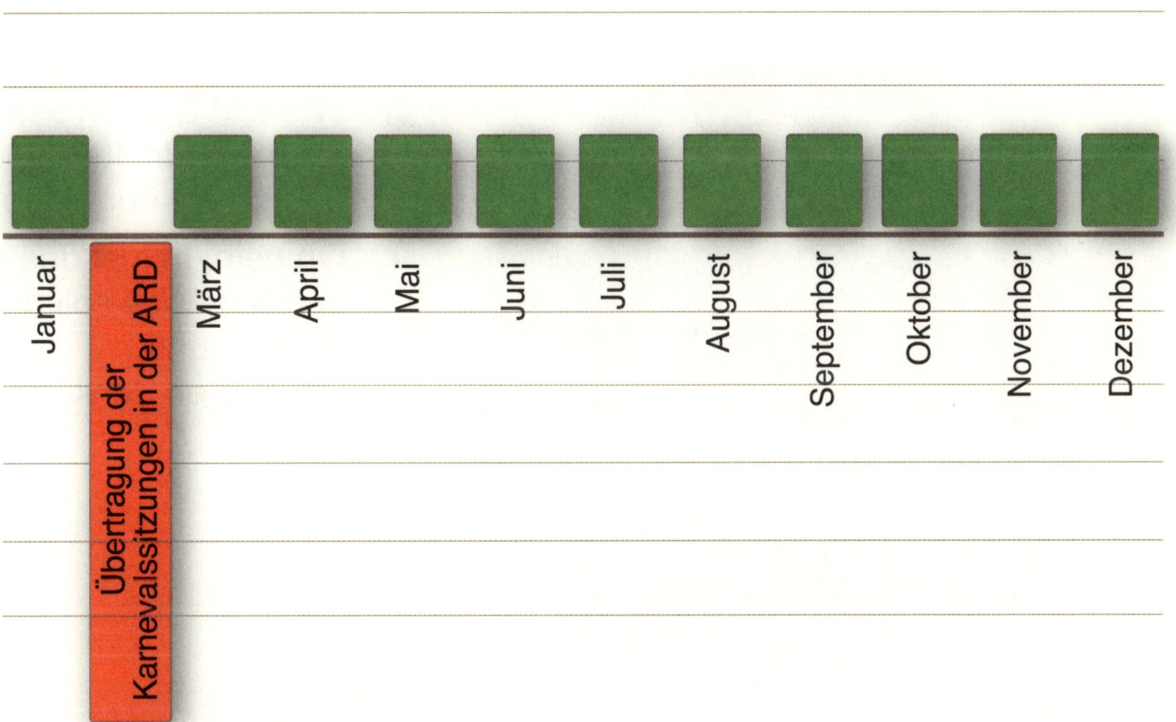

Internationale Stars in deutschen TV-Shows

Bundestagswahlen

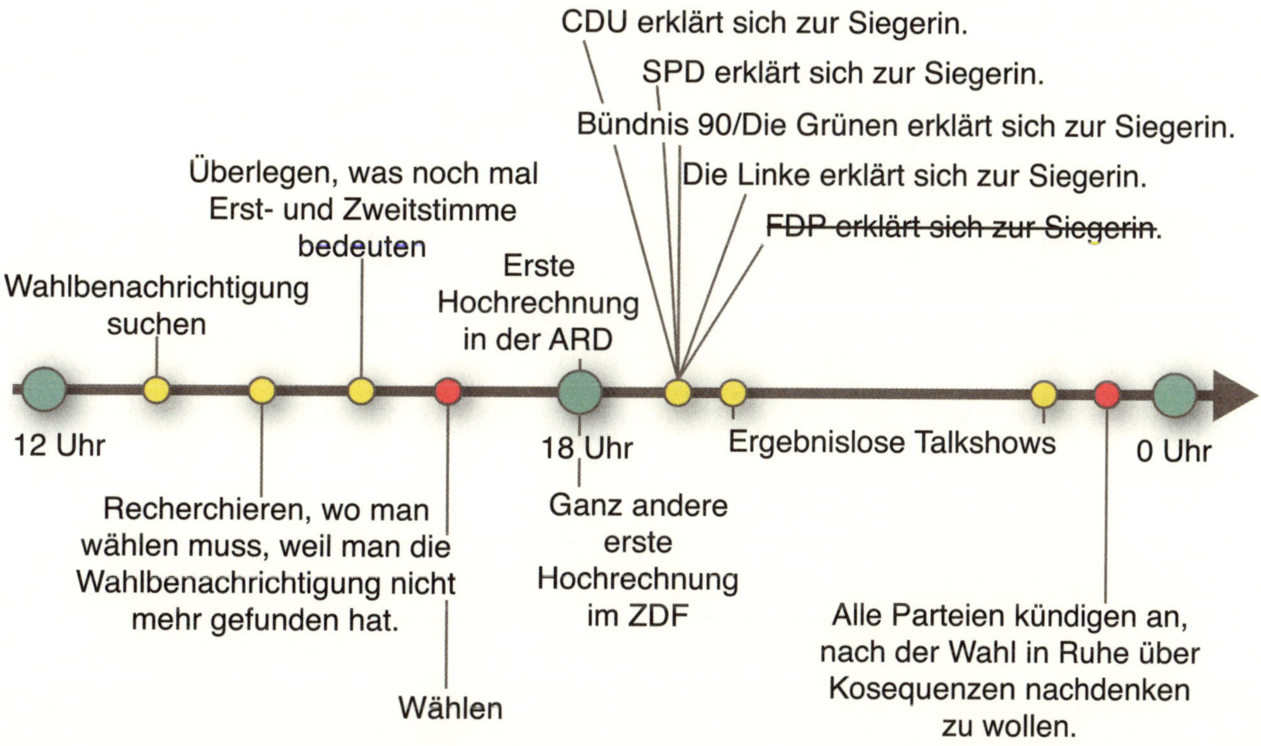

Bayerische Alpen

Selten gesagte Sätze über deutsche Autos

Der VW Golf besticht durch seine Extravaganz.

Ich habe mir aus Umweltgründen einen Mercedes gekauft.

Er hat zwar einen Porsche, aber mit seinem Selbstbewusstsein ist alles in Ordnung.

Audi-Fahrer sind immer die entspanntesten.

Dafür sind BMW-Fahrer die sympathischsten.

Wer die Bundesagentur für Arbeit Bundesagentur für Arbeit nennt

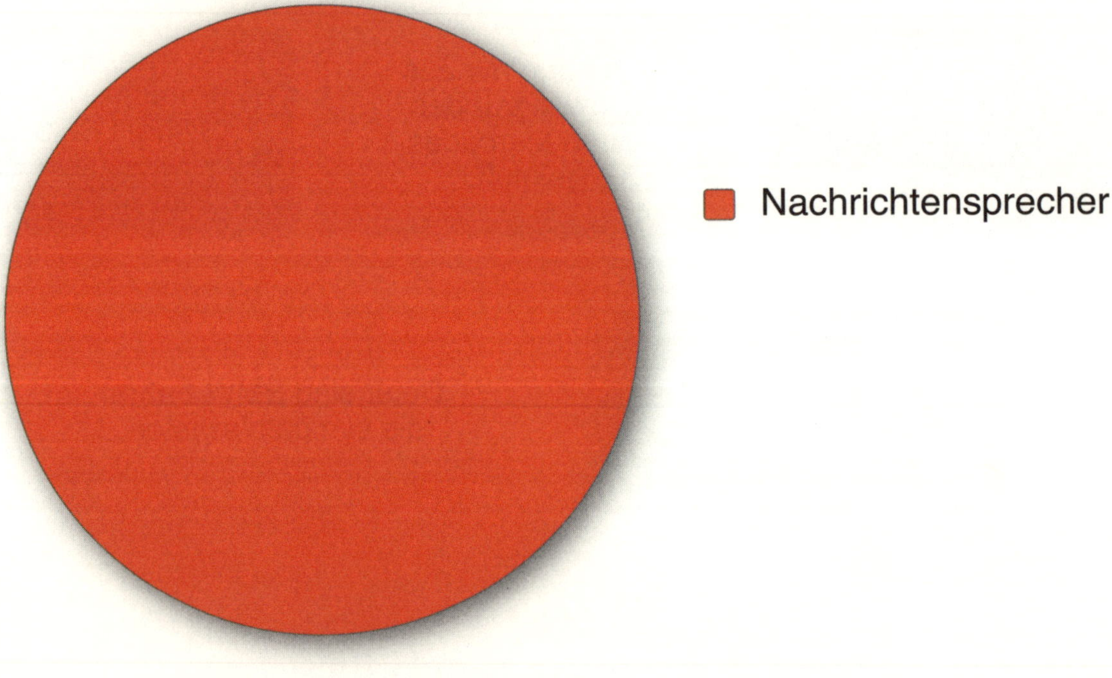

Aufmerksamkeitswerte bei der Tagesschau

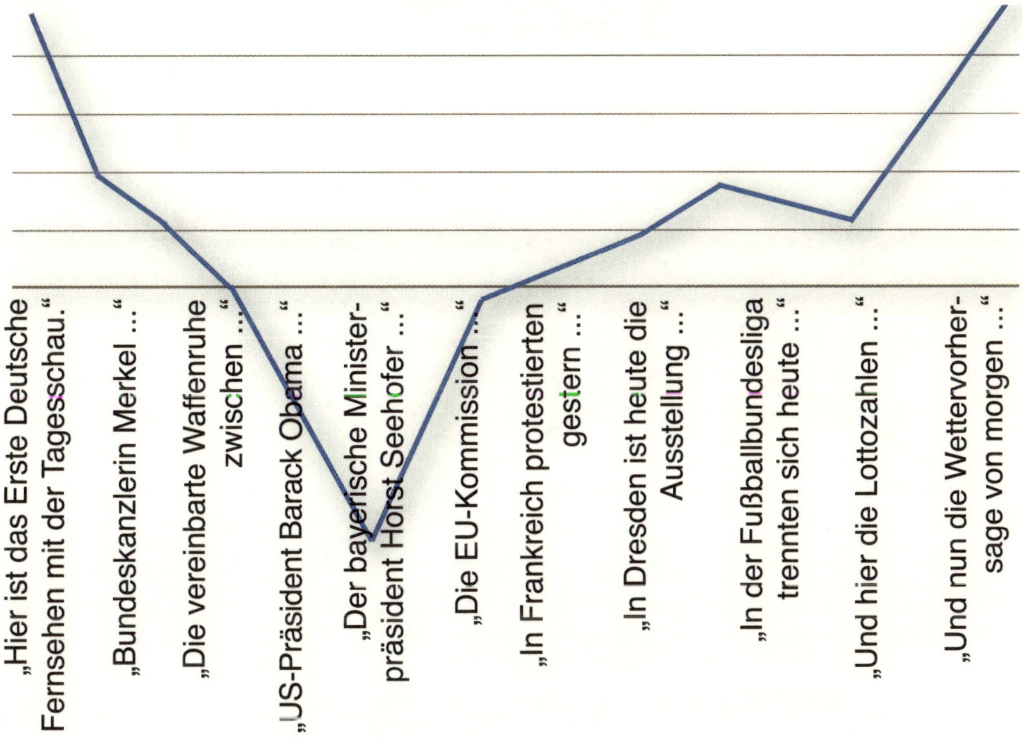

Deutsche Post

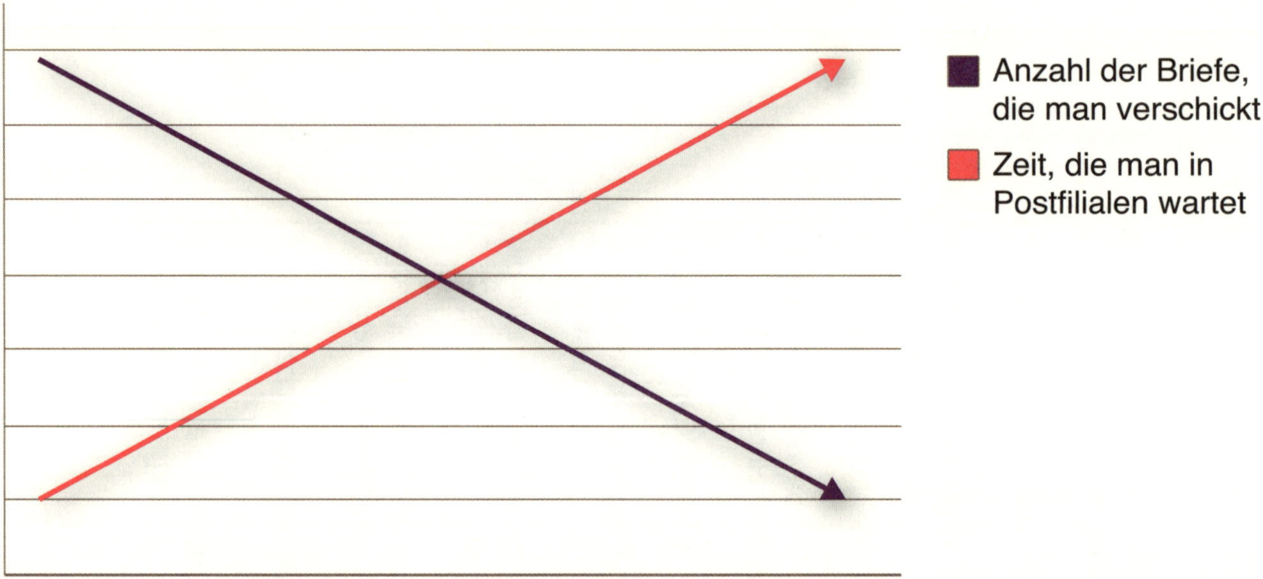

Selten gesagte Sätze über deutsche Musik

Die Toten Hosen sind mir persönlich zu krasse Punks!

Scooter höre ich vor allem wegen der Texte.

Ich war neulich auf einer Hochzeit, auf der sie nicht Helene Fischer gespielt haben.

Tokio Hotel wird man auch in 30 Jahren noch gerne hören.

Nina Hagen könnte auch mal ein bisschen mehr aus sich rausgehen.

Deutsches Radioprogramm

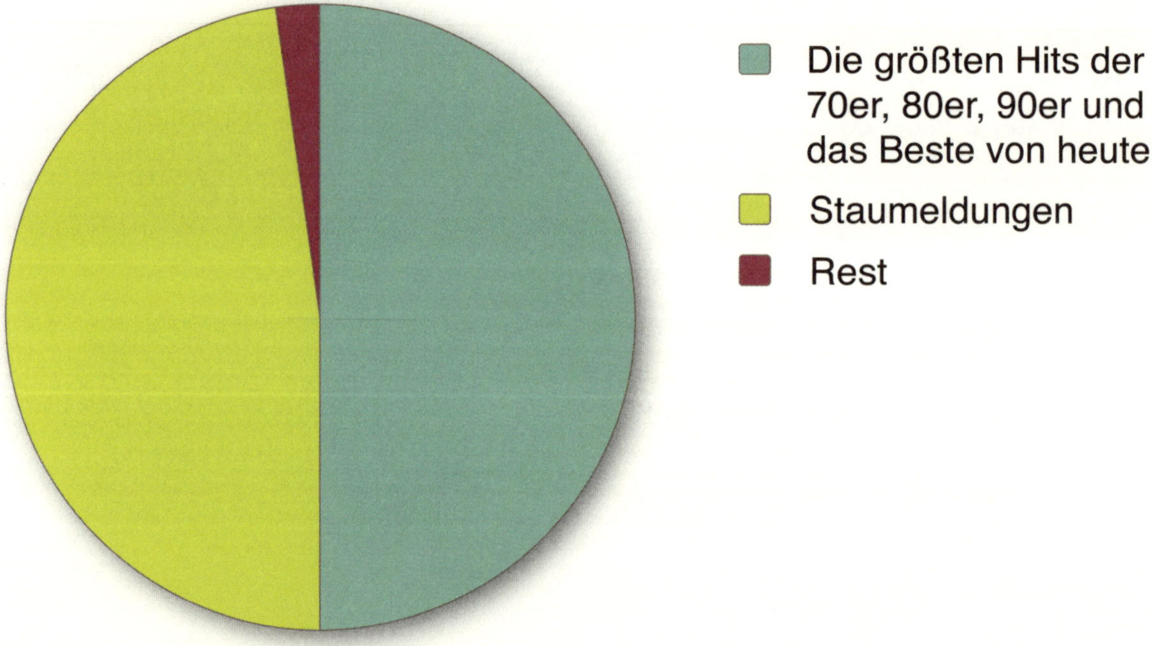

Gesetzeshierarchie

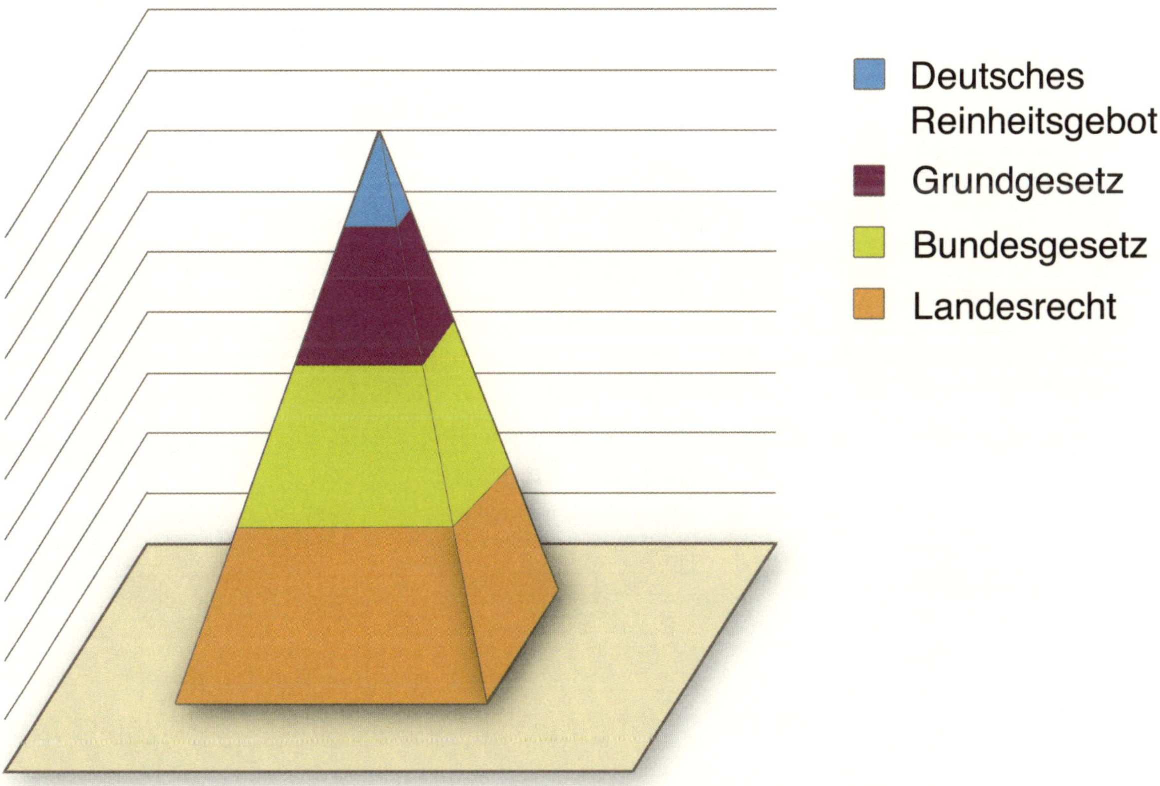

ver.di versus Fußballfans

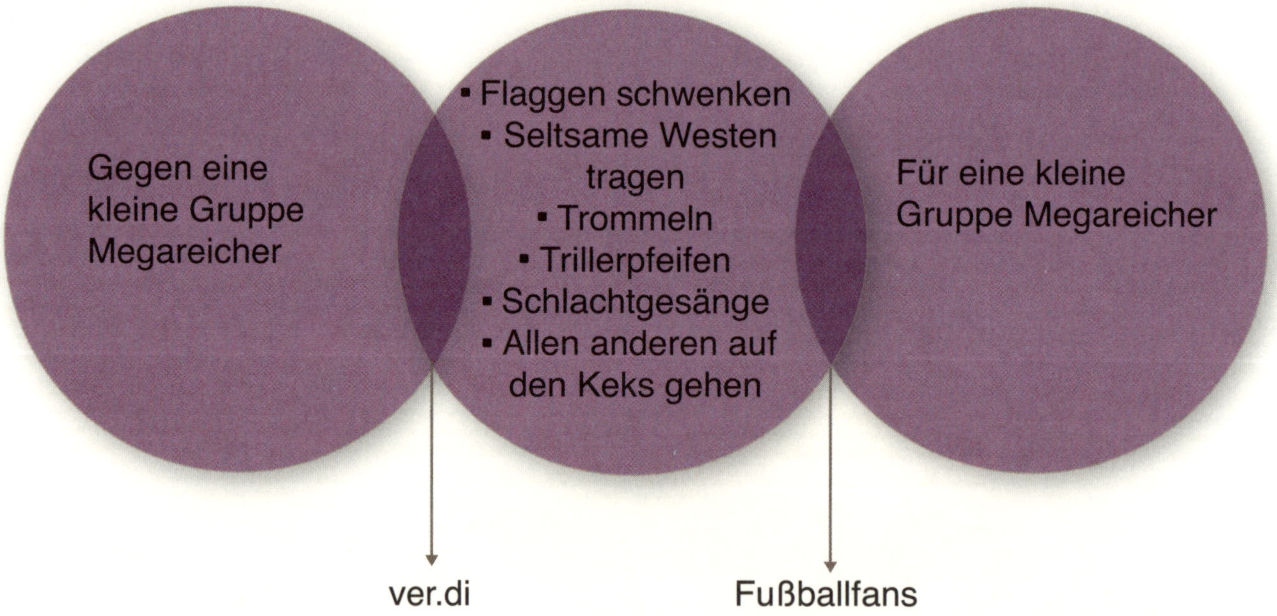

Atommüll in Deutschland

Die fünf Phasen im Umgang mit der deutschen Bürokratie

1. Nicht wahrhaben wollen
2. Zorn
3. Verhandeln
4. Depression
5. Akzeptanz

Sachsen in Filmen

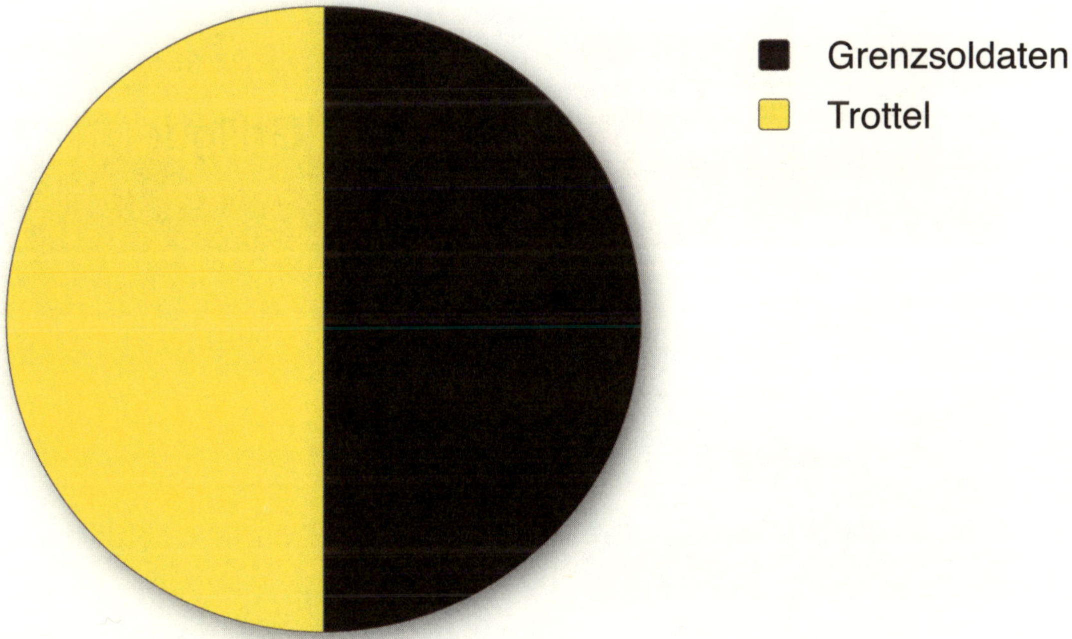

Was man in Deutschland grillt

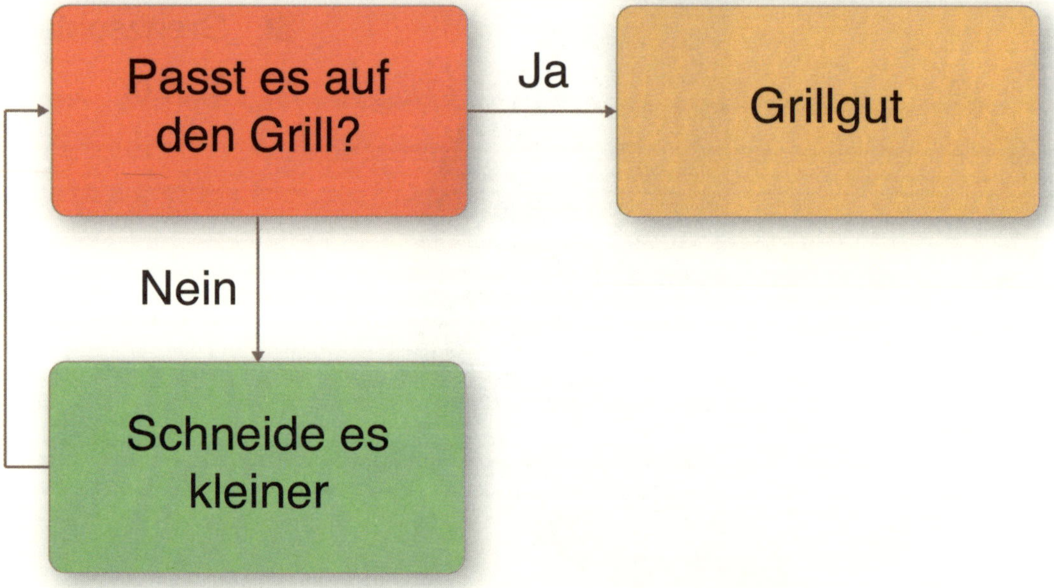

Deutscher Arbeitsmarkt

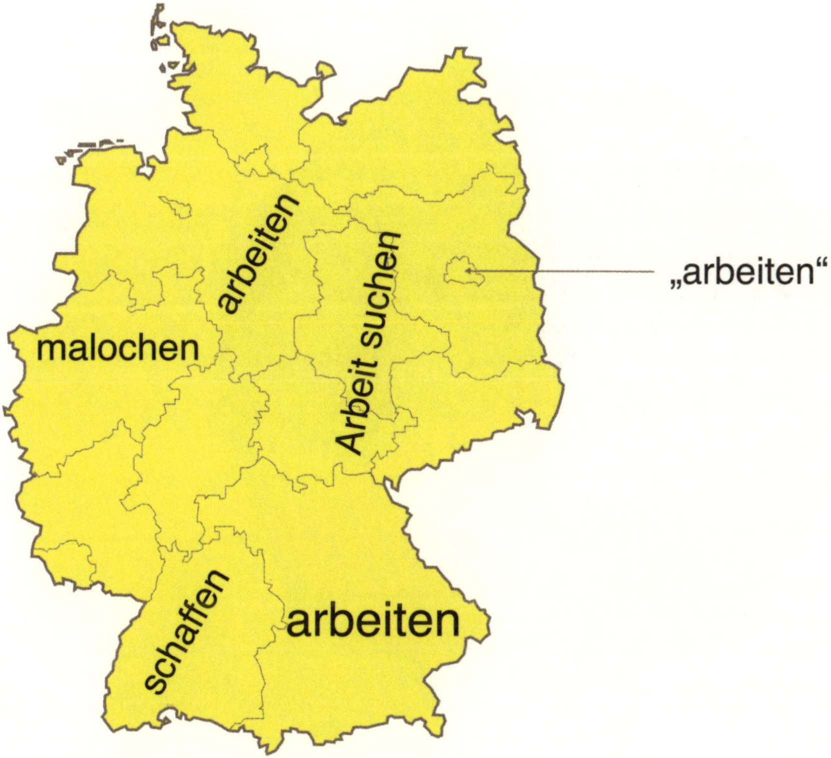

Des Glückes Unterpfand

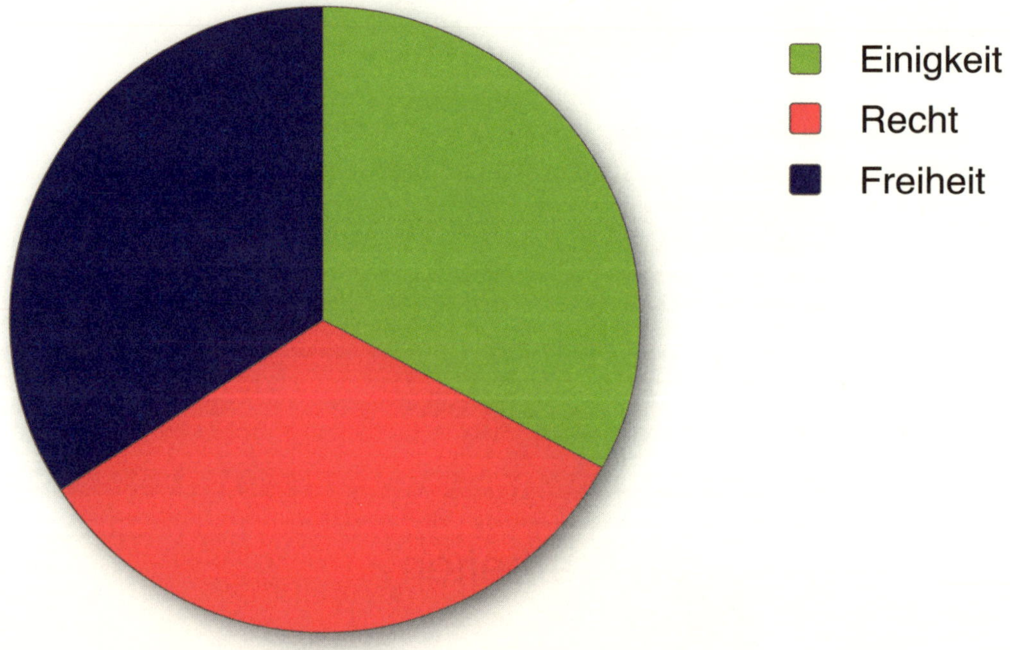

Bewerbungsverfahren in Deutschland

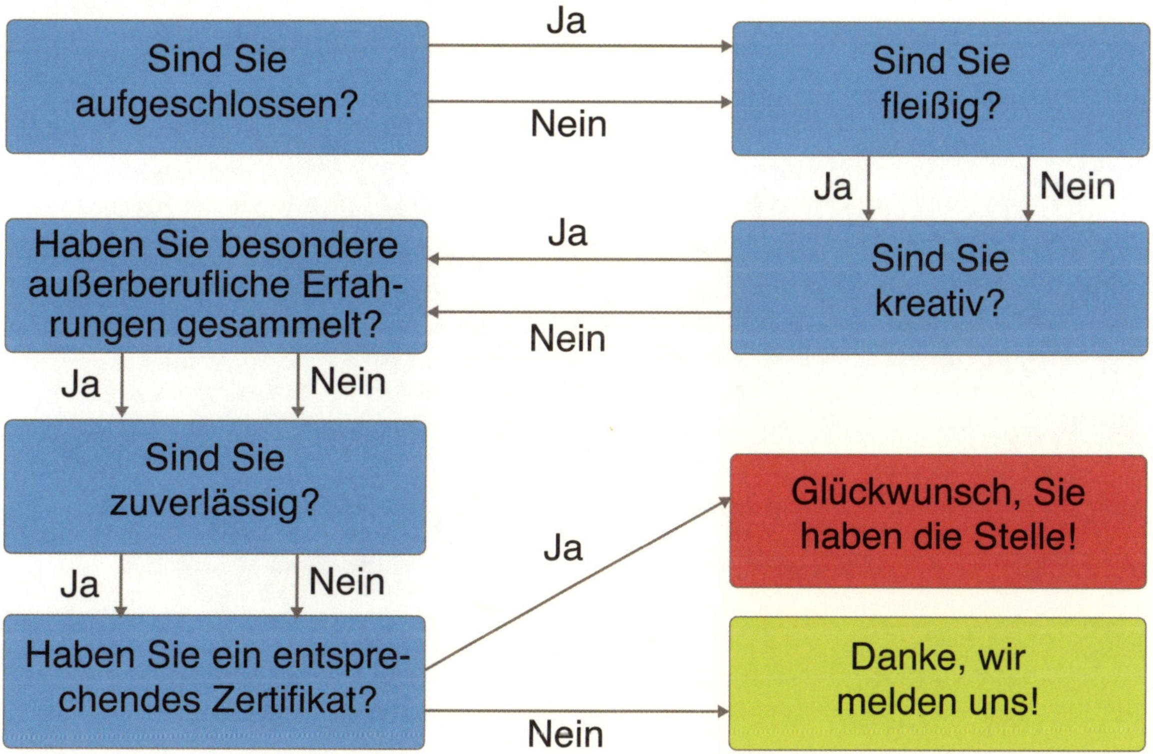

Ostsee versus Nordsee

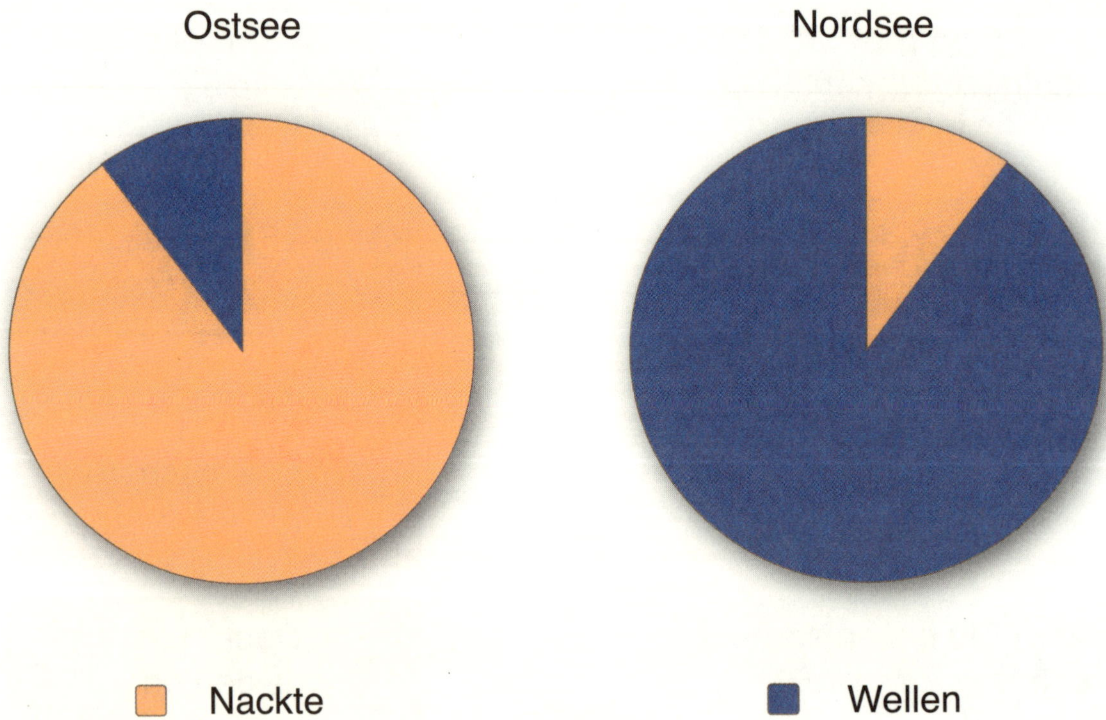

Deutschlands Staatshaushalt

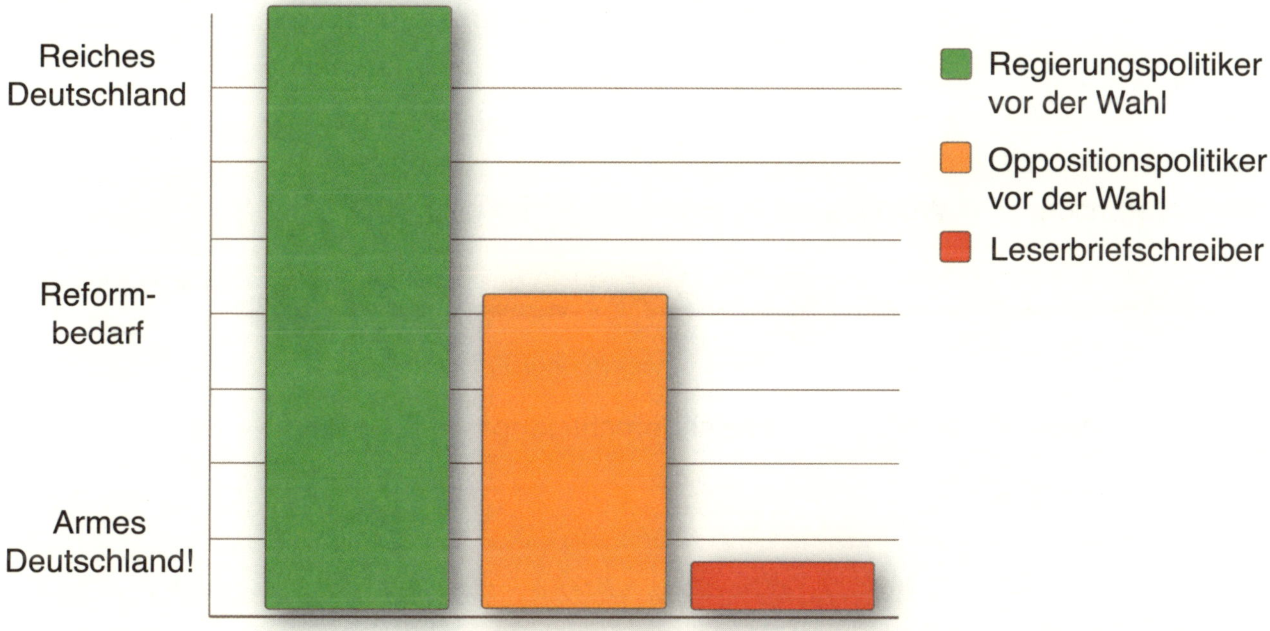

Politische Visionen im Wandel der Zeit

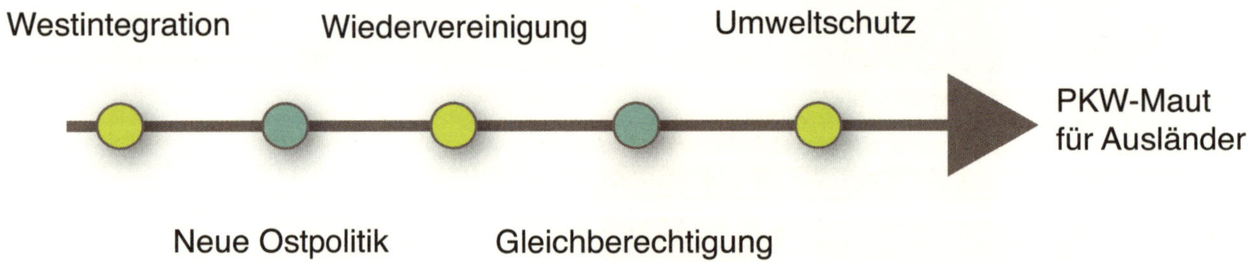

AfD-Anhänger

Deutscher Humor

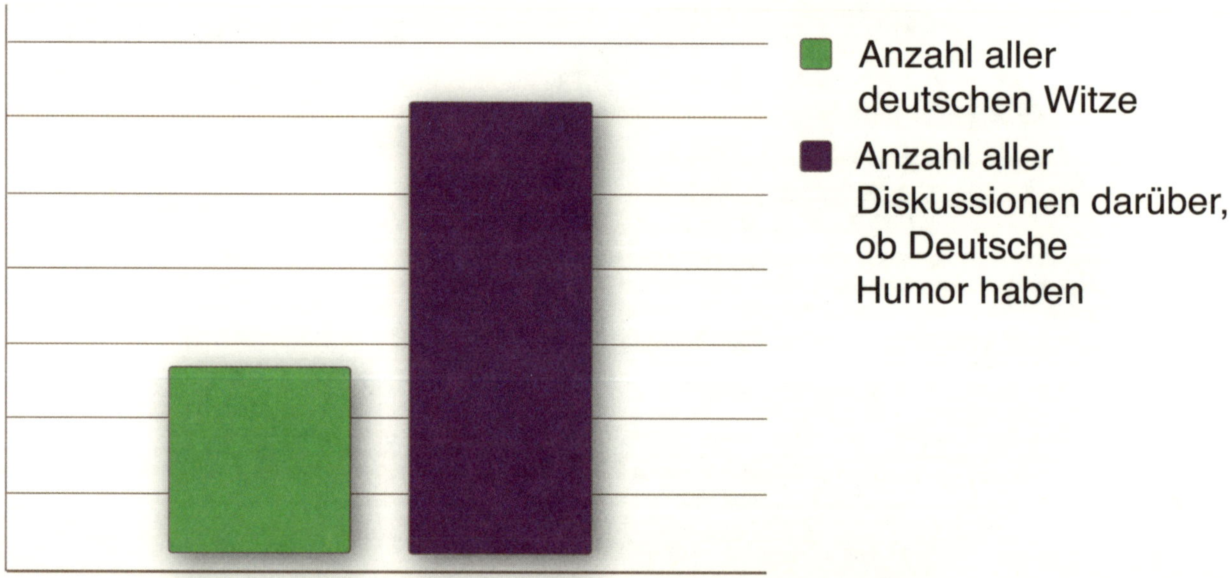

Neue deutsche Traditionen

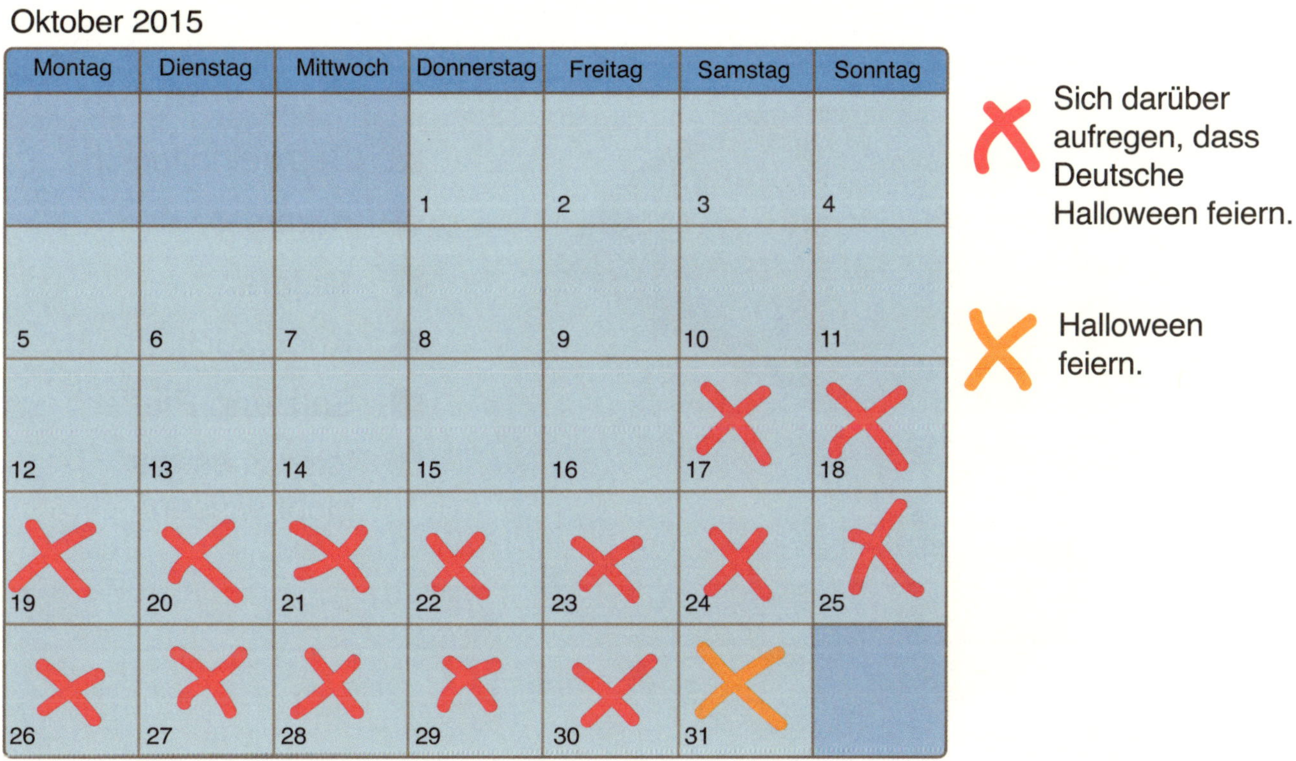

Thüringer Rostbratwurst

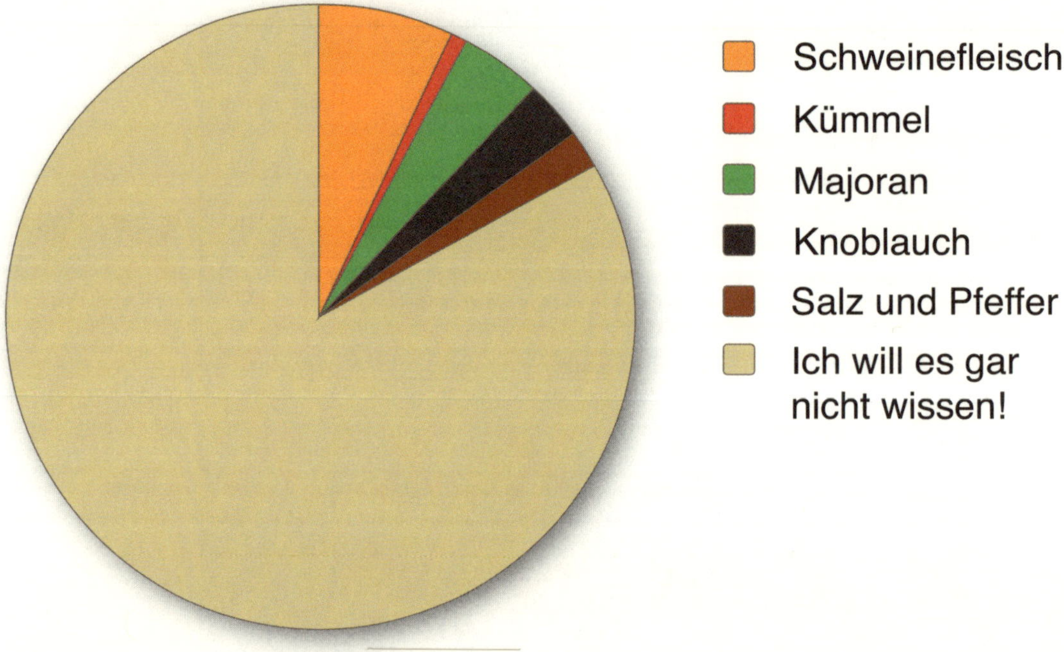

Attraktivität deutscher Weihnachtsmärkte

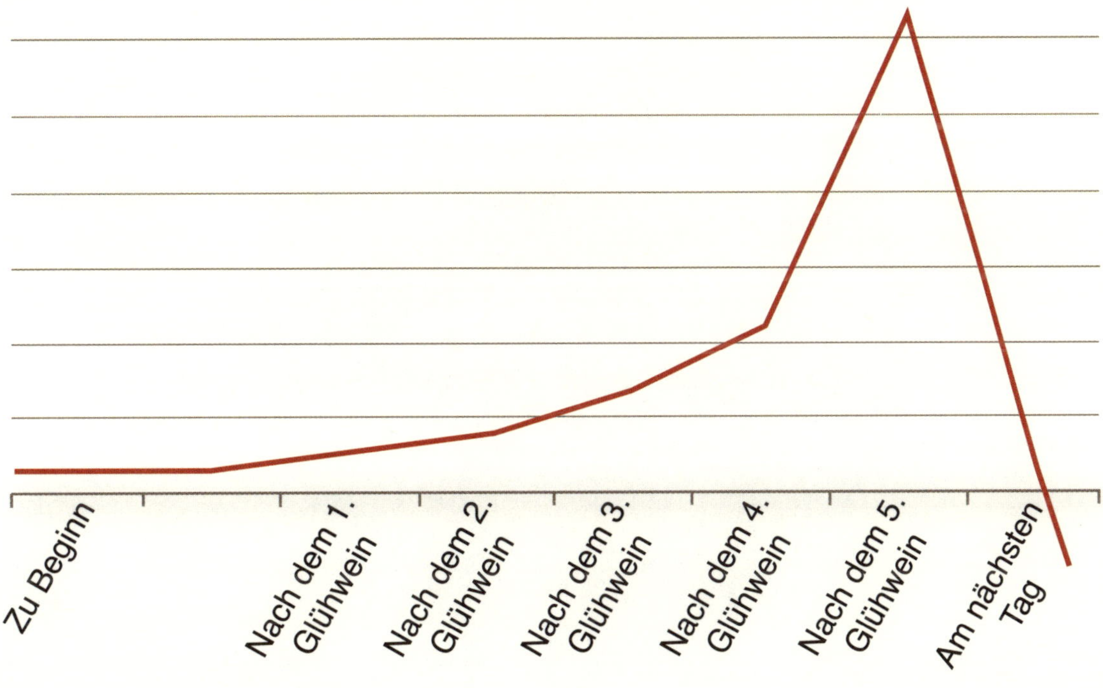

Formulare

Vorgänge, für die es in Deutschland ein Formular gibt.
Denkbare Vorgänge

Vereine

Erfindung einer Sportart
Gründung eines Vereins zur Ausübung dieser Sportart in Deutschland

Selten gesagte Sätze über die Deutsche Bahn

So billig kommst du sonst nicht nach Berlin.

Der Kaffee war aber gut.

Ich schätze vor allem, wie unkompliziert es ist, den günstigsten Tarif zu finden.

Ich hatte eine super Internetverbindung, die Reisezeit verging wie im Flug.

Immerhin war sie pünktlich.

FKK-Kultur in Deutschland

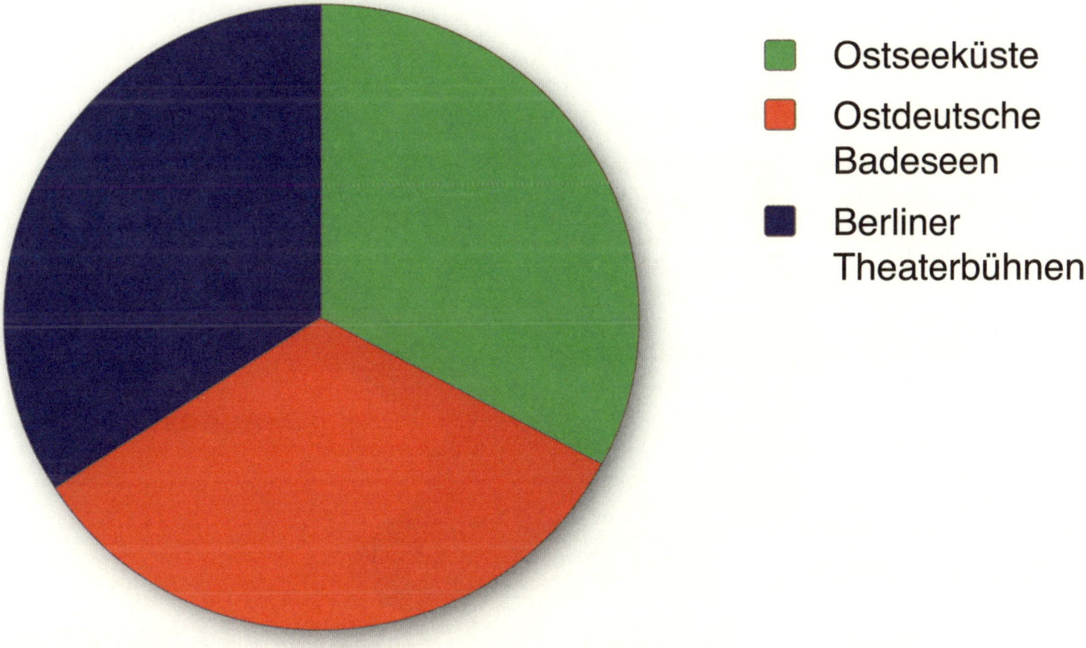

Beliebte Touristenziele

Was man vom Grundgesetz kennt

1. Die Würde des Menschen ist unantastbar.

2. Rest

Deutsches Brot

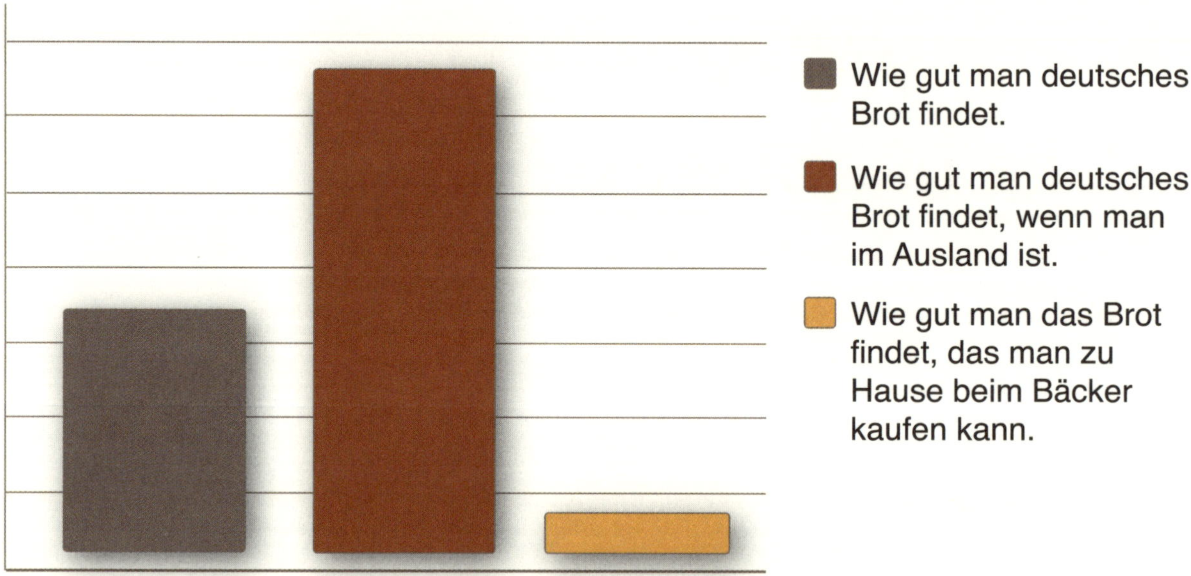

Kommunikation in Deutschland

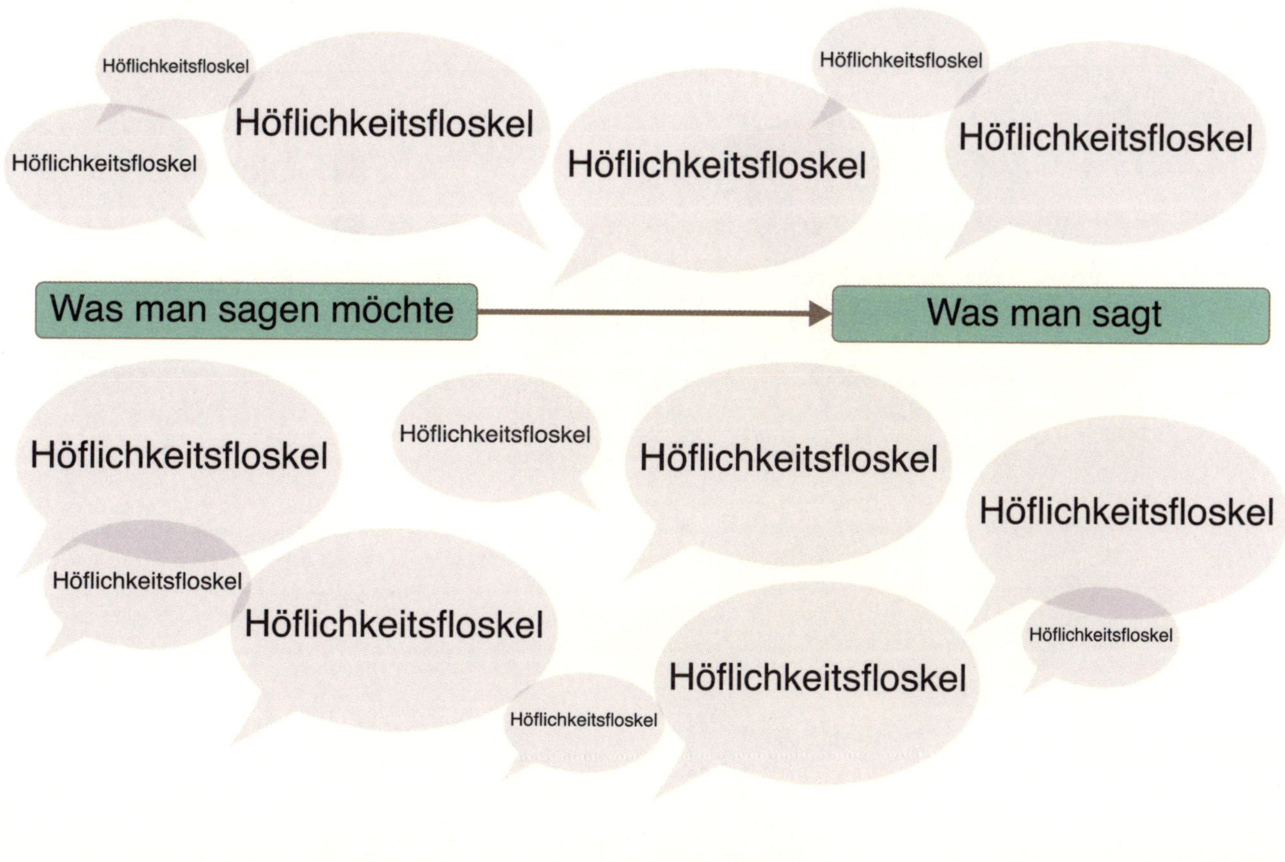

Berühmte Deutsche

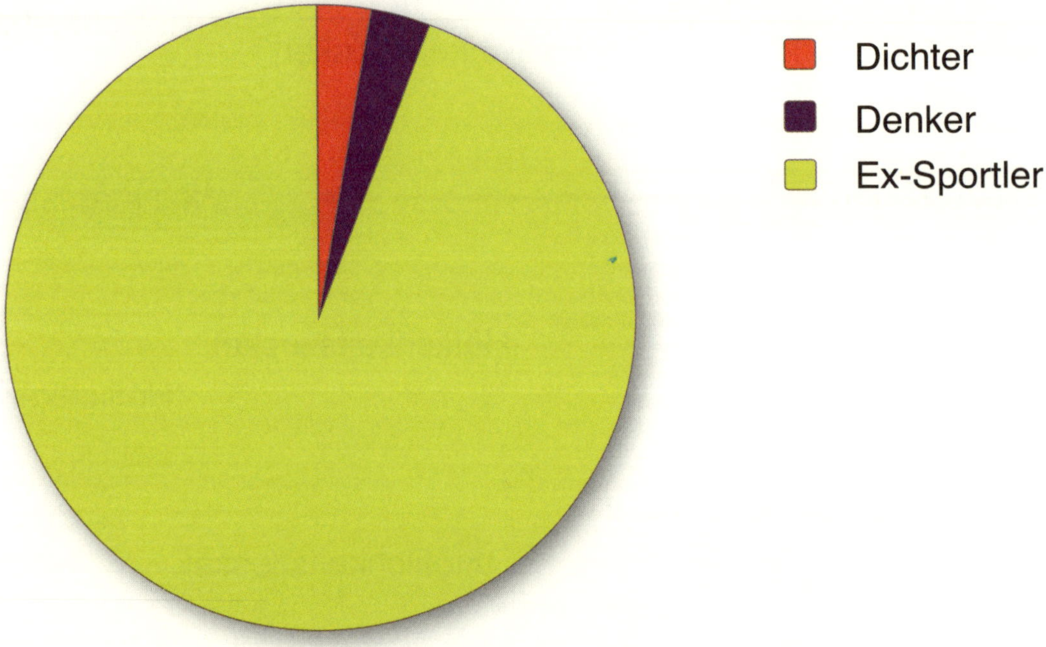

Wissenswertes über das Saarland

Das Saarland ist 2.570 km groß.
Das entspricht ungefähr einmal der
Fläche des Saarlands.

Warum man in Deutschland etwas kauft

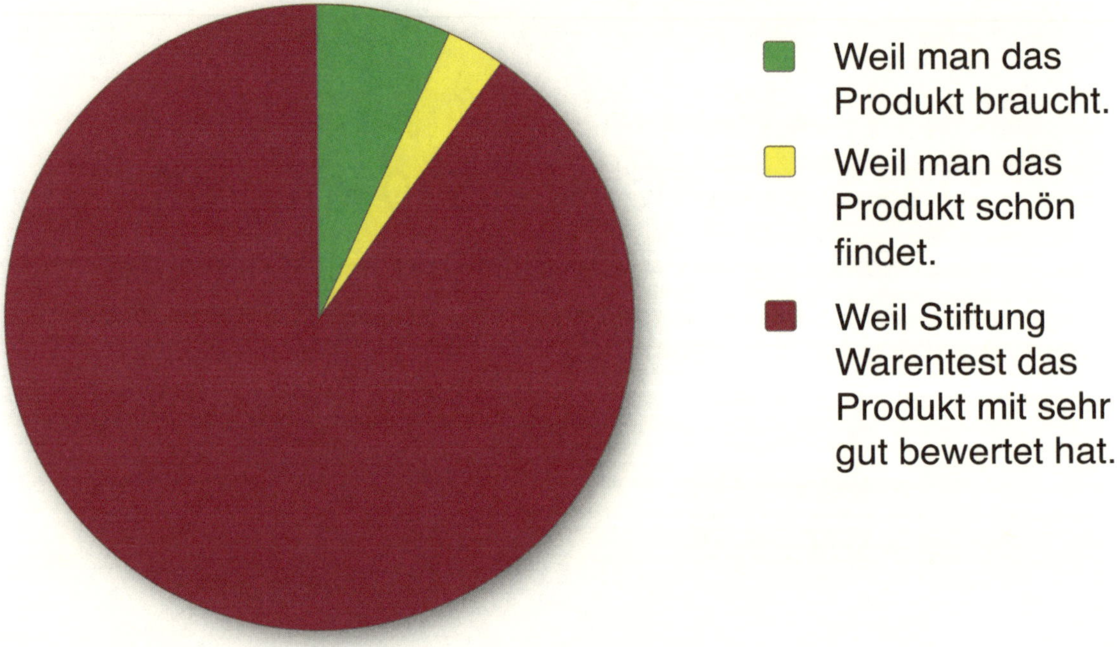

Energiewende

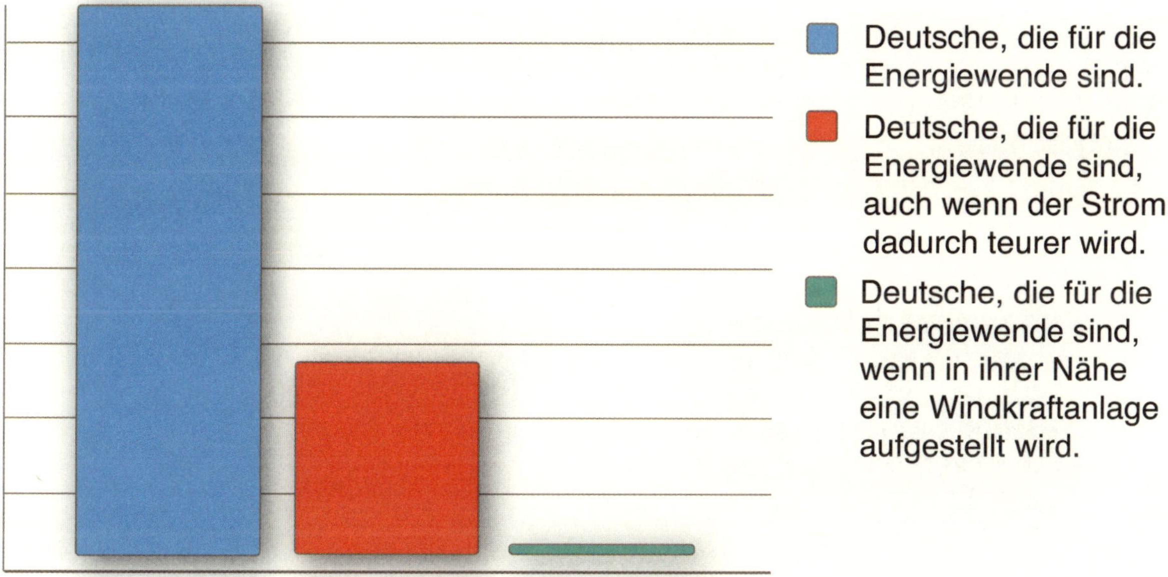

Selten gesagte Sätze über das deutsche Bildungssystem

Den Schulen wird das Geld vorne und hinten reingeschoben.

Wir haben für Mia-Sophie und Finn-Alexander einfach eine stinknormale Grundschule gesucht.

Die Skandinavier können sich von unserem Bildungssystem eine Menge abgucken.

Wir haben in Deutschland so viele Bodenschätze, da können wir Bildung ruhig ein bisschen vernachlässigen.

Mit einem Bachelor in der Tasche kannst du ja quasi alles werden.

Warum neue Bauwerke in Deutschland berühmt werden

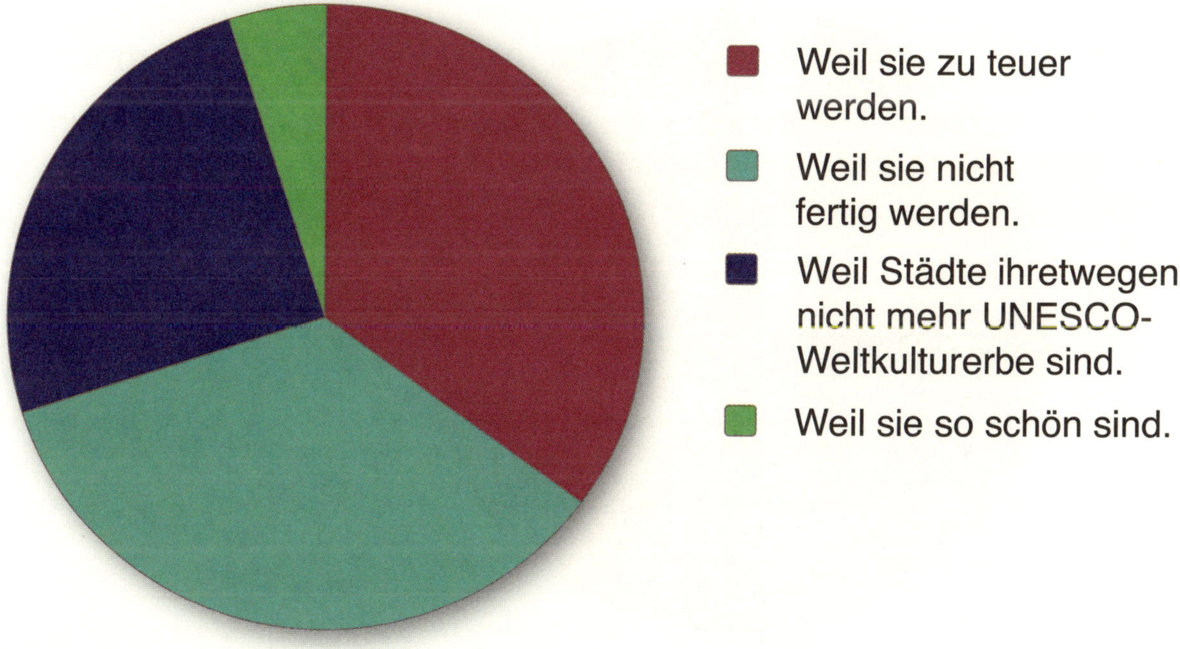

Deutsche Verkehrsschilder

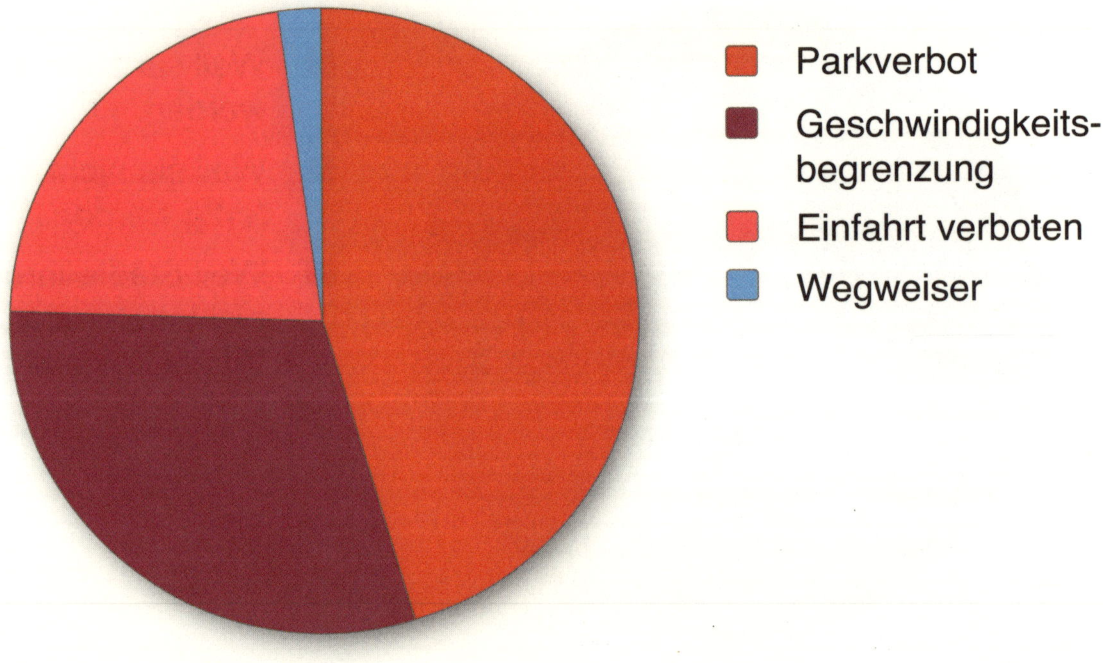